迷人的理性

ASGP SCIENCE

[加] 米歇尔·莫菲特、格雷戈里·布朗 ——— 著　夏兴宇 ——— 译

北京联合出版公司
Beijing United Publishing Co.,Ltd.

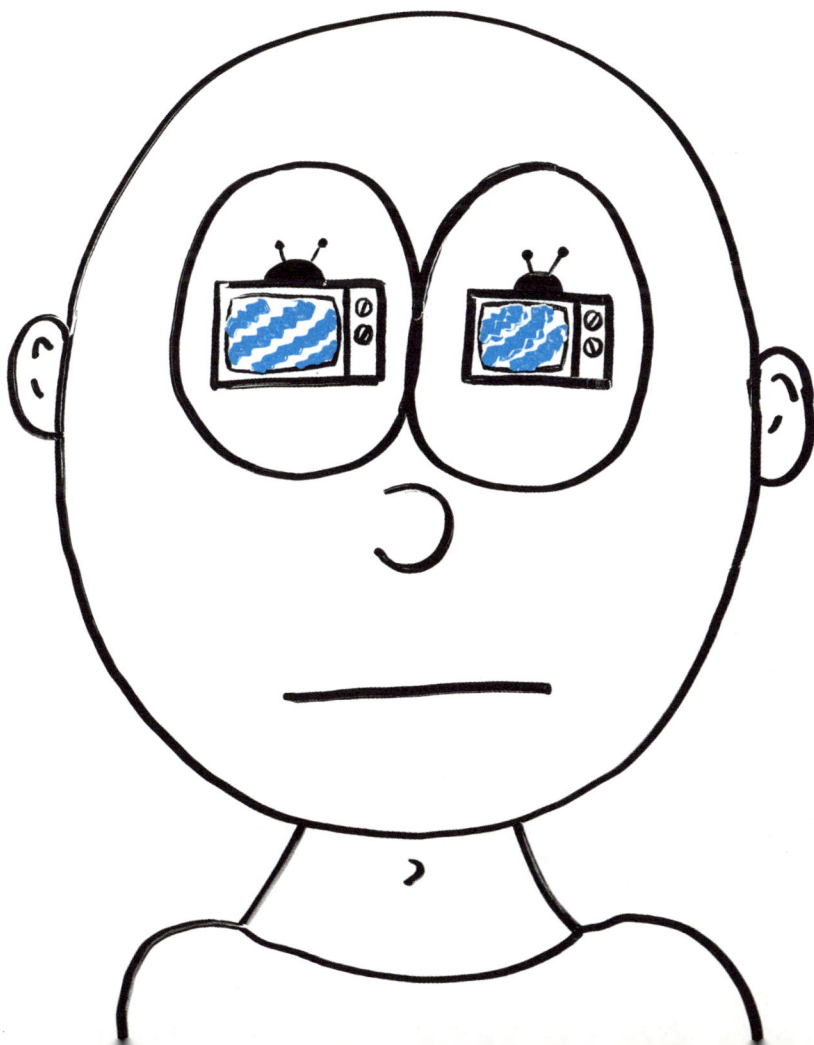

图书在版编目（CIP）数据

迷人的理性 ／（加）米歇尔·莫菲特，（加）格雷戈里·布朗著；夏兴宇译. — 北京：北京联合出版公司，2019.7
ISBN 978-7-5596-3127-5

Ⅰ. ①迷… Ⅱ. ①米… ②格… ③夏… Ⅲ. ①科学知识—普及读物 Ⅳ. ① Z228

中国版本图书馆CIP 数据核字（2019）第 063778 号

ASAP Science: Answers to the World's Weirdest Questions, Most Persistent Rumors, and Unexplained Phenomena by Mitchell Moffit and Gregory Brown

Simplified Chinese Translation copyright © 2019 by Beijing Xiron Co., Ltd.

Original English Language edition Copyright © 2015

Published by arrangement with the original publisher, Scribner, a Division of Simon & Schuster, Inc.

through Andrew Nurnberg Associates International Limited.

All rights reserved.

著作权合同登记　图字：01-2019-2278

迷人的理性

作　　者：（加）米歇尔·莫菲特，（加）格雷戈里·布朗
译　　者：夏兴宇
责任编辑：楼淑敏

北京联合出版公司出版
（北京市西城区德外大街 83 号楼 9 层　100088）
北京市雅迪彩色印刷有限公司印刷　新华书店经销
字数：101 千字　　880 毫米 ×1230 毫米　　1/16　　印张：16
2019 年 7 月第 1 版　　2019 年 7 月第 1 次印刷
ISBN 978-7-5596-3127-5
定价：58.00 元

谨以此书献给我的父母，
感谢他们给予了我从未间断过的支持和鼓励，
在我成长的岁月中，培养了我对这个世界的好奇心。
我爱你们。

目录

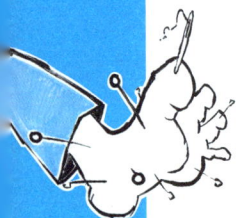

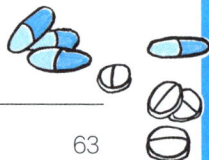

感觉与知觉

热烈的冲动，和那些充满爱意的激情

寻找坏习惯的根源

关于睡觉和做梦的那些事儿

致谢

RESOLVING
PERSISTENT QUESTIONS,
RUMORS,
AND WEIRD
PHENOMENA

直面那些经久不衰的疑问、
广为流传的谣言和稀奇古怪的现象

挨冻就一定会感冒吗？

DOES BEING COLD MAKE YOU SICK?

冬天来了，

我们总是会听到爸妈跟我们说：

"去外面玩的时候记得穿上外套，不然，冻着了会感冒的！"

对此，我们普遍的想法和反应往往是：

别傻了，挨冻又不一定会感冒……

那么，挨冻一定会感冒吗？到底谁才是赢家？

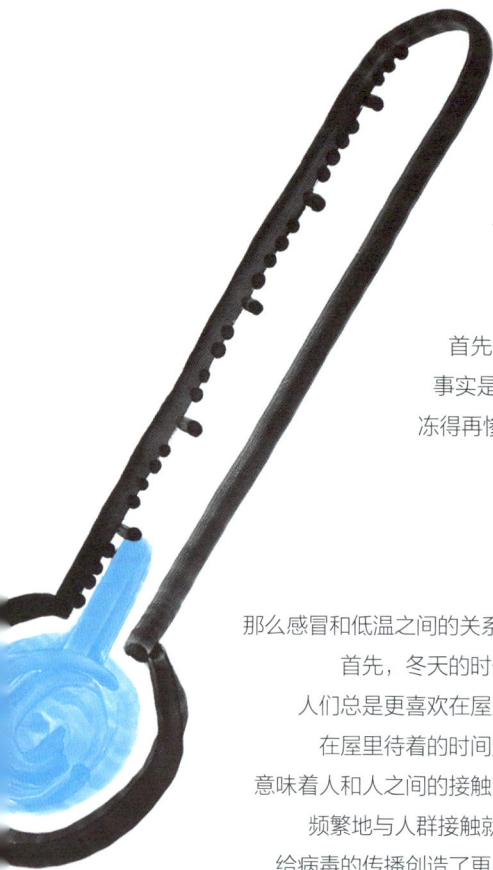

挨冻和得感冒这两件事之间，好像是有一定关联的。每年有 5% ~ 20% 的美国人在晚秋和初冬季节来临时，会被普通感冒或者流感所折磨。当然更不用说感冒本身在英语中就和"寒冷"是一个单词了。

但是，有一些很重要的东西需要我们好好琢磨琢磨。首先，感冒以及流感都是由病毒引起的，所以一个简单的事实是，如果你身边没有感冒或者流感病毒的话，就算你被冻得再惨，也不会得感冒。

那么感冒和低温之间的关系到底是什么？
首先，冬天的时候，
人们总是更喜欢在屋里待着，
在屋里待着的时间越多，
意味着人和人之间的接触就会越频繁，
频繁地与人群接触就意味着
给病毒的传播创造了更多的机会。

在这个基础上的第二点，湿度对于某些病毒的传播显得非常重要。冬天湿度降低，天干物燥，病毒在这种环境下传播得更快，而我们鼻子里的黏液也干得更快——那些黏液恰恰是你身体遭遇病毒入侵时的保护屏障。

最后，维生素 D 对我们的免疫系统来说非常重要。这种维生素我们一般是通过晒太阳来得到的，但是冬季黑夜长、白昼短，白天的时候恰好我们又更喜欢在屋里待着，所以晒太阳的时间少之又少，所以我们体内的维生素 D 比平时更是少得可怜，这对我们的健康是很不利的。

VITAMIN D
维生素 D

现在你是不是觉得你已经成功证明爸妈说的话是错的了？等会儿，别高兴得太早。现在有一些研究已经表明，温度的高低和人是否生病没有什么关系，但最近也有一些证据恰恰相反。有一个研究是这么做的：把试验对象的两只脚放到冰水里，相比较那些没有这样做的人来说，这个人往往有更大的可能会表现出普通感冒的症状。由此而引发出了一个假设：即低温会引起血管的收缩，从而降低白细胞蜂拥而去对抗病毒的速度，进而抑制了体内的免疫反应。

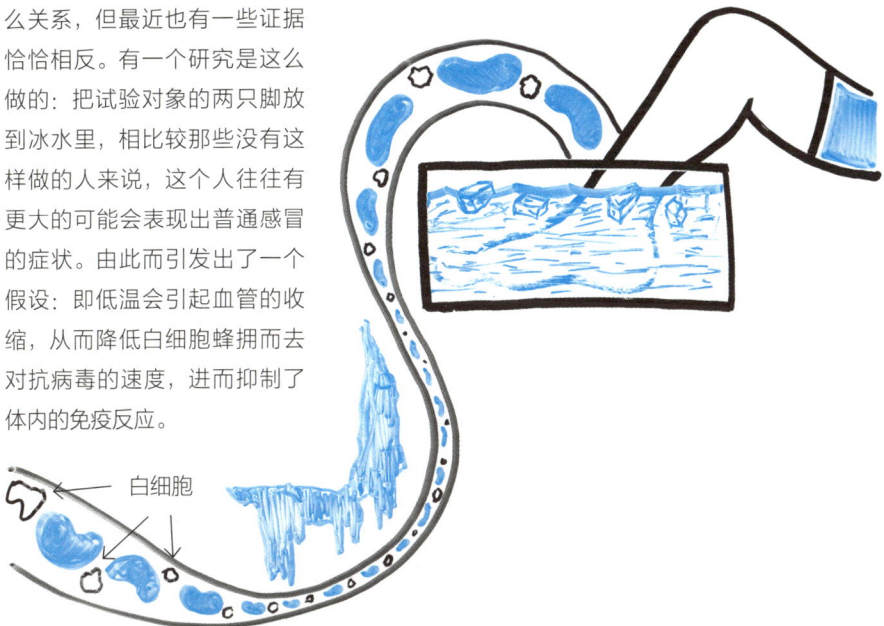

白细胞

低温诱发的压力也会提升皮质醇激素在体内的水平，这同样会抑制免疫系统。另外，一项同时针对小白鼠和人类的支气管细胞所做的研究结果表明，免疫系统本身对于普通感冒病毒的反应程度，是和温度有较大关系的：在温度更高的时候，身体里那些被病毒感染了的细胞更有可能发生"程序性的自杀"，它们通过伟大的牺牲，来阻止病毒的扩散。

最后，对于病毒本身的研究结果也为我们展示了一个类似于秘密武器的玩意儿：在寒冷的冬天，病毒的外壳（或者说封皮儿）会变得更加坚硬，就跟一个盾牌似的，这会让病毒更顽固，在人群中的传播变得更加游刃有余。

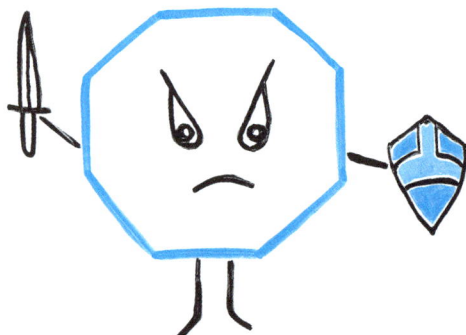

但是在暖和的时候，这层外壳会变得更像是一层凝胶一样的东西，这样一来，这层外壳对于病毒的保护力度就没那么大了，病毒的传播能力就变得很逊了。

你看，你的爸妈其实说得也并不全错。

如果你能这样做的话，相信你和他们都会感到高兴：

多穿点儿、多出去玩儿，别总是憋在室内。

这样的话，更有利于你安然无恙地度过寒冷的冬天。

"响屁不臭，臭屁不响"是真的吗？

ARE SILENT FARTS MORE DEADLY?

"响屁不臭，臭屁不响"这个理论让人禁不住发笑；
但是这种幽然袭来、默不作声的气体，
真的要比听上去声势浩大、
迅猛释放的那些气体更加让人无法招架吗？
不响的屁就一定会把人臭晕吗？

有件事你知道以后可能会大吃一惊：
其实相当多的屁都来自吸进去的空气。
这些空气在你嚼口香糖、喝汽水、
吃东西的时候跑到你的身体里去，
并且四处游荡。

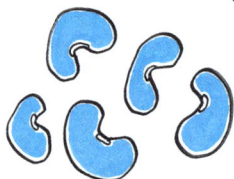

那些吸进去的空气，
有些在打嗝儿的时候就跑出去了，
剩下的则统统在消化系统中寿终正寝，
最终从你身体的另外一个出口跑出去。
跑出去的那些气体，
它们的成分主要是氮气、
氢气和二氧化碳，
而这些气体本身都是没有任何味道的。
所以，
有些屁虽然放出来的时候很大声，
让人厌烦，
却基本上没什么臭味。

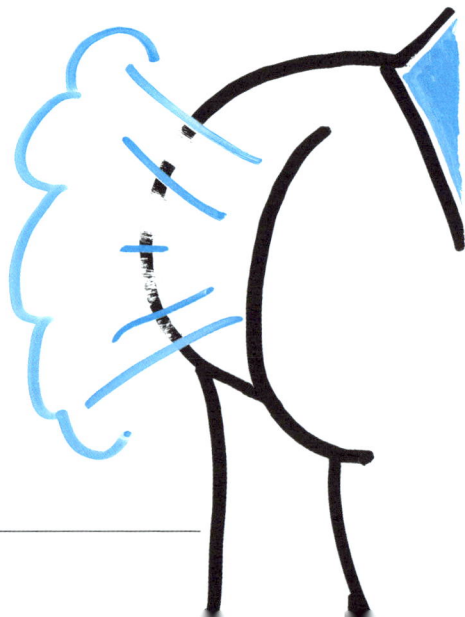

有些屁闻起来臭——

那是一种腐烂的味道，

这个味道来源于大肠。

空气在小肠中经历了长达 25 英尺的旅行后，

食物中没法消化的那部分就开始进入大肠之中。

在这里，数百万的细菌以这些未消化的食物开始了一场盛宴，盛宴结束后，把这些东西进行发酵。在这个过程中，这些东西就变臭了。细菌本身当然也会生产出一些有用的维生素，但是它们更多地生产和制造出一些含硫的化学物质。而这些化学物质，主要负责制造臭味。

如果你吃的是一些富含硫元素的食物，比如鸡蛋、肉类、西蓝花什么的，

那么你就很有可能会产生一些有意思的味道。

这些食物停留在肠道中的时间越长，它们发酵的程度越高，也就越臭。

但是尽管如此，这些产生臭味的气体在放出来的屁中只占到 1%。

如果一个屁不包含无臭气体，

那么这个屁基本上就浓缩到只剩下那些臭气。

这样的屁往往很安静，不会有大的声音，因为它们的体积都很小。

沉默的往往更致命，这就是"臭屁不响"的由来；

但是"响屁不臭"却是不一定的，

只要有上述提到的足够多的硫化物存在，响屁有时也是很臭的。

SILENT
无声的

LOUD
大声的

简单说来，那些放出来很大声的屁往往含有更高比例的无臭气体；

而那些安静放出来的屁，含硫气体的比例则较高。

无声
但是
致命

SILENT BUT DEADLY

把关节弄得咔咔响对身体有坏处吗？

把

关节弄得

咔咔响 对身体

有坏处吗？

IS CRACKING YOUR JOINTS BAD FOR YOU?

"咔咔咔"！

有的时候我们刻意把自己的关节弄出这样的响声，

有的人好像能够从中获得极大的快慰和满足，

而有的人则会觉得这个声音恼人且让人毛骨悚然。

对于这种关节发出的咔咔声，人们的感觉总是两极分化的。

那么这种声音到底是怎么发出来的呢？

弄出这种声音对于我们的健康又到底有什么样的影响呢？

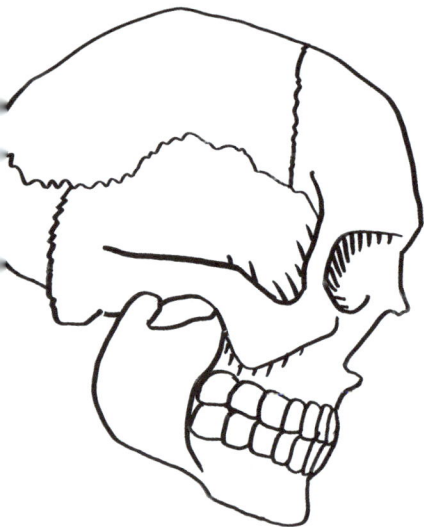

人们的骨头是通过韧带联结起来的。骨头相联结的那个区域就是关节。从结构上区分，一个人的身体里一共有三种不同类型的关节。纤维关节是固定的，如人的头骨中的骨头；软骨关节可以有限度地活动，比如人的肋骨和脊椎中的骨头；滑膜关节则相当灵活，比如人的肘关节和膝盖骨。滑膜关节由特殊的液体所包裹，这些特殊的液体就像油脂平时起到的作用一样，主要是为了减少关节的摩擦，以及有利于关节的活动。

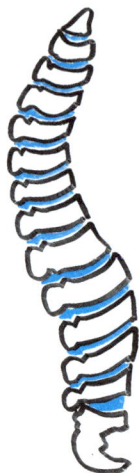

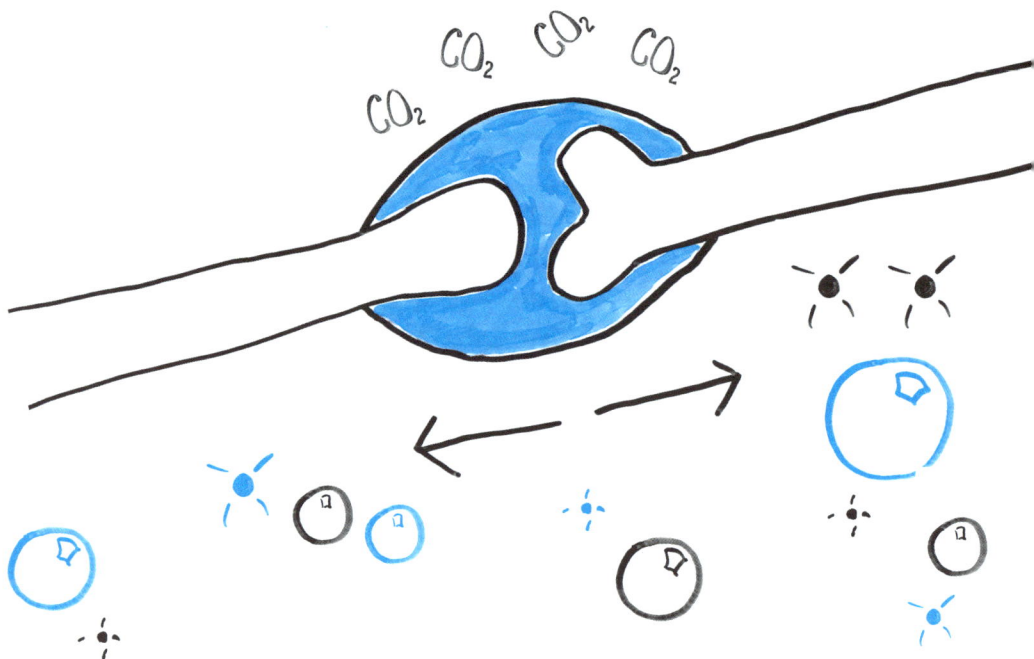

当你把关节按得咔咔响的时候，实际上是在对关节进行拉伸，使得关节所联结的骨头们相互远离。由于骨头们被拉伸开来，联结它们的关节的体积就相应地增大了；虽然物理空间增大了，包裹关节的这些关节液的量却不会增加，那么关节内部的压力也就相应减小了。

这些关节液中有一些诸如二氧化碳之类的气体，在压力变小的时候，这些气体总是会急于去填补由于拉伸而扩大的空间；在这个过程中就产生了气泡。当你按关节的力度很大，关节伸展的程度特别高的时候，压力足以小得让这些气泡越撑越大，最终破掉，因此就发出了"咔咔咔"的声音。

需要再过 15 ~ 30 分钟的样子,
这些气体才会重新溶解到关节液中。
所以这就是为什么你总是需要等一会儿
才能让你的关节发出"咔咔咔"的声音。
因为气体是不能立即就溶解回去,
然后重复这个过程的。

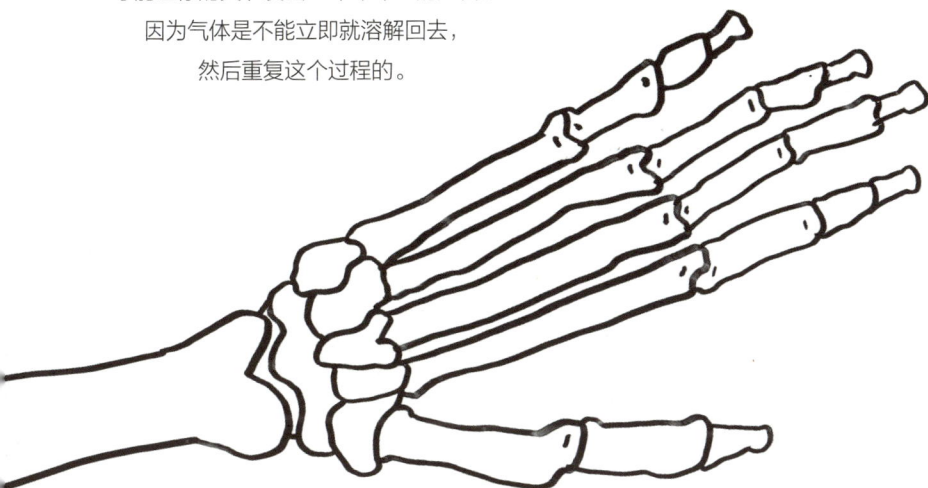

坊间传闻:
如果总是把关节弄得咔咔响(尤其是指关节)
容易导致关节炎,
这其实并没有什么证据。
但有一个不争的事实是,
频繁和反复地按动、拉伸手指关节的话,
可能会影响握力;
也可能会造成关节囊的组织损伤。
所以,即使有的时候你可能觉得这样拉伸关节,
让它咔咔咔地响一响比较爽,
但是,最好还是不要这样去折腾它。

"5秒钟规则"靠谱吗？

IS THE 5-SECOND RULE LEGITIMATE?

你的最后一块巧克力饼干掉到地上了；

一包炸薯条撒在桌子上了；

你的小熊橡皮糖撕开时撒了一地；

这些时候，我们总要惋惜而郁闷地看着它们，

喃喃自语：我吃下去应该没关系吧？

"5秒钟规则"告诉我们：

食物掉在地上的话，只要眼明手快，5秒钟内捡起，

就不脏，可以吃……稍等稍等！

别急着捡起来，这真的没问题吗？

这个规则其实还有无数的变种:
比如 10 秒钟规则, 20 秒钟规则……
这些民间流传的理论的大前提是说,
在这些时间之内掉在地上的食物并不会沾上细菌。
要论证这种说法是否科学,
我们首先需要去了解沾到细菌后,
可能发生什么风险。

在我们的家里,
危害最大的细菌之一,
叫鼠伤寒沙门菌。
这是一种非常令人讨厌的、
肮脏的沙门菌。

它存在于这个星球
几乎所有动物的消化道和粪便中,
并可能在我们的食物中出现……

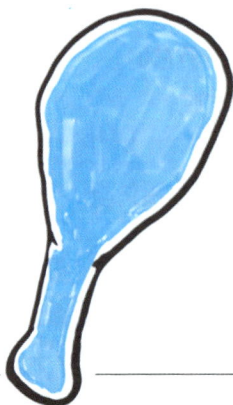

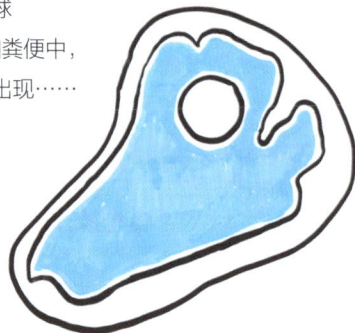

这种细菌可以通过生的或者没煮熟的食物
被我们吃到肚子里去；
当这种细菌进入我们肚子里的量大到一定程度的时候，
我们就生病了。
虽然你的胃酸在拼死保护你——
它可以奋力杀死许多细菌，
但是幸存下来的那一小撮
终究还是会成功进入你的小肠，
并且开始拼命繁殖，引发炎症，
最后让你产生痉挛和腹泻以及呕吐等症状。
从科学的角度讲，
这并不是说你的"胃生病了"，
而是你的"小肠生病了"。

你可能不会直接吃没煮熟的食物，
但是鼠伤寒沙门菌依然可以在你家任何干燥的表面上
存活四个星期（所以把厨房打扫干净真的很有必要）。
一些有趣的研究发现，
其他一些细菌的寿命也差不多是四个星期。

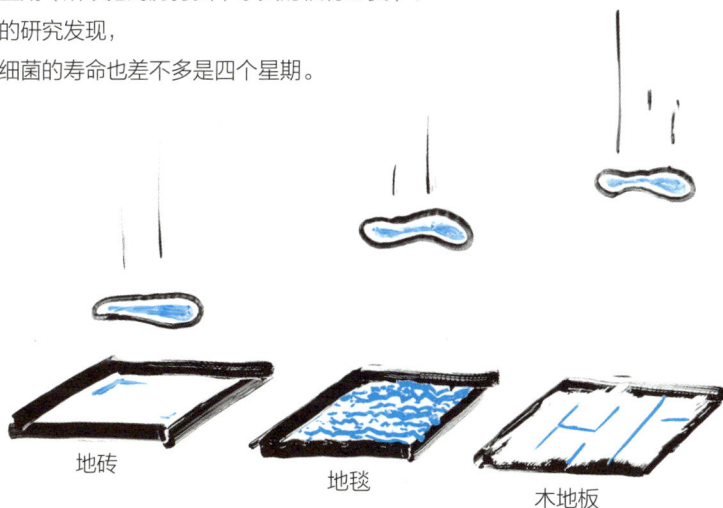

地砖　　　　　　　地毯　　　　　　　木地板

有一个针对"5 秒钟规则"的研究是这样做的：
把一根香肠依次掉到三种被沙门菌污染了的表面上，分别是地砖、地毯、木地板。
当香肠掉到地砖上时，地砖上 99% 的细菌在 5 秒钟之内就跑到了香肠上；
而掉到地毯上的只有一点儿跑到了香肠上（0 ~ 5%）；
掉到木地板上的稍微多一些，有 5% ~ 68%……
看来在厨房里铺地毯好像是个不错的主意。

另外一个研究发现：水分较多的食物相较于没什么水分的食物，
掉到地上后容易沾上的细菌要多得多，比如牛肉就比威化饼干沾的细菌要多得多。
在这个研究中分别测试了掉在地上 2 秒钟以及 6 秒钟后捡起来的结果。
结果表明，事实上，细菌的多少跟时间并没有太大关系，
而仅仅和食物所含水分的多少有关。

最后，研究人员随便找了一个大学校园
作为"日常环境"的代表来进行实验。
他们把苹果片丢到不同的用餐地点，
看看到底需要多长时间，食物会沾上沙门菌。

结果让人大吃一惊：
无论是掉到地上 5 秒、10 秒，还是 30 秒，食物都没有沾上任何沙门菌。
这说明在校园这种公共空间的表面上很少有沙门菌的存在；
不过也别高兴——其他研究表明，食物在掉到地上仅仅 2 秒钟后，
就已经沾上其他普通细菌了。

你看，所谓的"5秒钟规则"是否有效取决于太多因素了。
一旦食物真的掉到地上了，
首先要看地上都有些什么样的细菌、
食物含水量有多少，
以及究竟是掉到什么样的地上了。

现在你知道了沾上细菌的风险有多大了吧？
你还在可怜巴巴地看着地上的食物，
考虑要不要捡起来吃了它吗？

到底哪个更疼：
是生孩子
还是
"蛋疼"？

WHICH IS WORSE: CHILDBIRTH OR GETTING KICKED IN THE BALLS?

在两性的各种争论中，
有一个问题的答案人们一直很好奇：
究竟是女人生孩子的时候更疼，
还是男人的蛋蛋被踢到的时候更疼？

网上有谣言称，
人体可以承受的最大疼痛等级约为 45 级；
女人生孩子的时候，
疼痛等级可以达到 57 级，
差不多等于 20 根骨头同时折断所带来的疼痛。

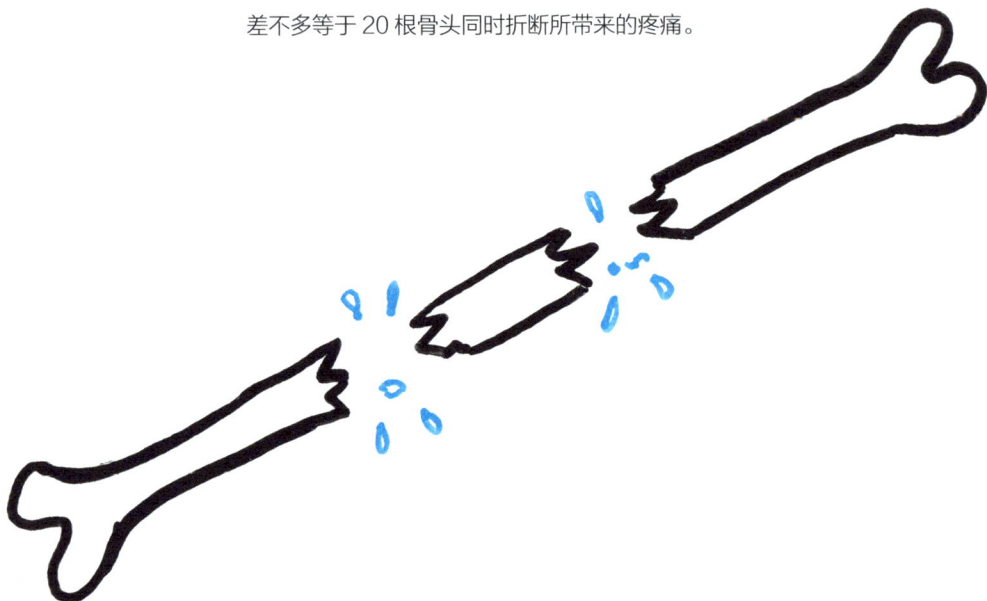

但是谣言同时又说，
男人的蛋蛋要是被踢到，
这种疼痛等级可以超过 9000 级……
好了，
先不说这背后的逻辑有多么荒谬了，
这个谣言提到了一个叫作"疼痛等级"（Del）的东西，
而这个东西压根就是不存在的……

DEL = FAKE 虚构

的确，曾经有人从拉丁语中意为
"痛苦忧伤"（For pain dolor）的这个词中，
提炼出了一个单词叫作"Dol"，
并以这个作为基础单位来度量疼痛；
但是，当出现了其他更为准确的度量方式之后，
这个词早就被扔到一边儿去了。

什么是疼痛？

WHAT IS PAIN?

在弄清楚男人和女人到底谁更疼之前，
我们要先知道，疼痛到底是啥东西。
在人的身体之中，有一种特殊的神经细胞，
我们称这种细胞为"痛觉感受器"，
由这些细胞负责对伤害做出反应。

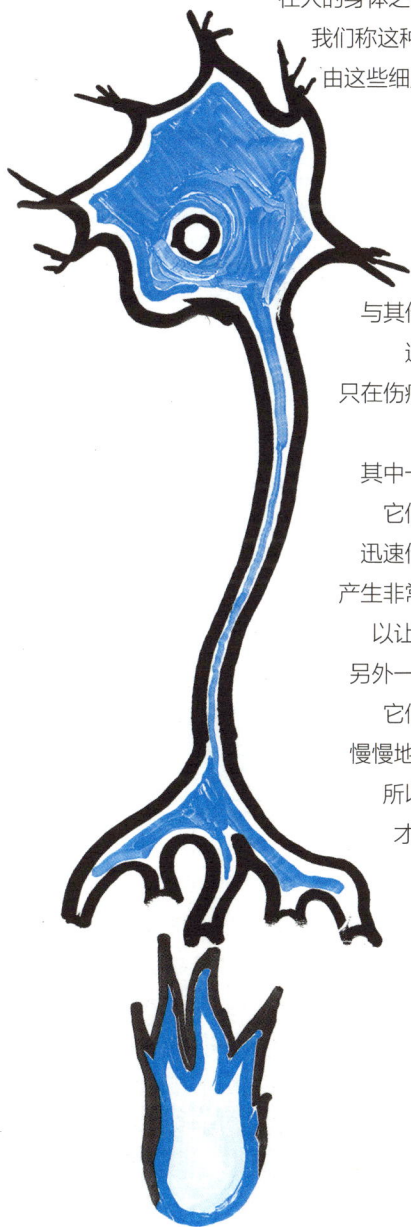

与其他细胞所不同的是，
这些痛觉感受器
只在伤痛超过了一定程度后，
才产生反应；
其中一些反馈速度较快，
它们将受伤害的信号
迅速传递给脊髓和大脑，
产生非常剧烈和突然的疼痛，
以让人快速做出反应。
另外一些反馈速度比较慢，
它们将那些隐隐的痛
慢慢地传递给脊髓和大脑，
所以你需要较长时间
才能感受到疼痛。

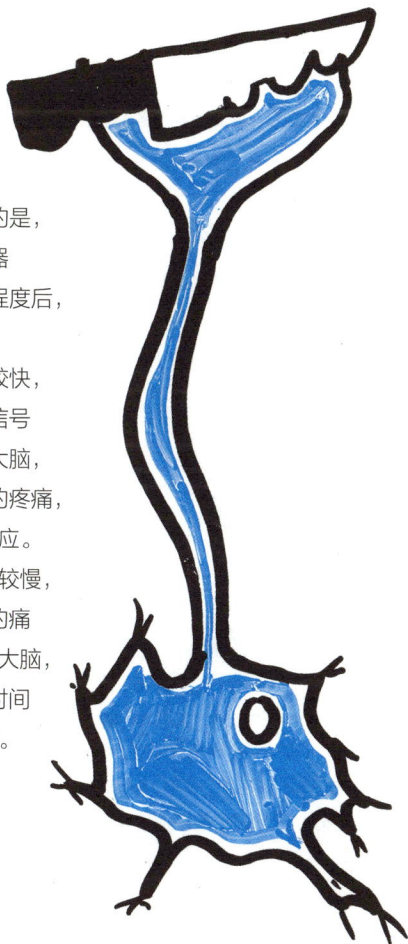

男性 MALE

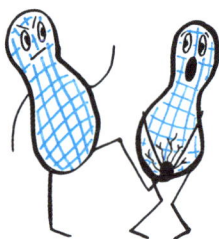

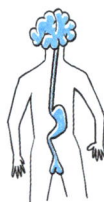

呕吐中枢 VOMIT CENTER

对男性来说，睾丸实际上是一个迁移到体腔外部的内部器官。在诸如肝脏这样的内部器官上，没有多少痛觉感受器，所以肝脏基本不怎么会疼；但是睾丸的表面布满了痛觉感受器，所以睾丸格外敏感。因此，只有睾丸安好，才是晴天。

此外，睾丸和很多胃部的神经以及迷走神经相连，也和一些呕吐神经相连，而这些都直接连到大脑的呕吐中枢上。这就是为什么蛋疼的时候，痛觉会一直蔓延到整个腹部；同时蛋疼往往伴随着恶心、血压升高、心跳加速和流汗等症状，难受莫过于此。

女性 FEMALE

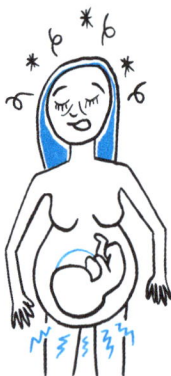

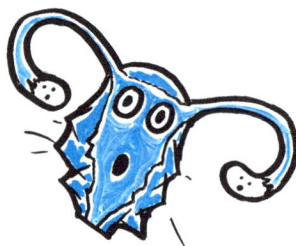

男人们，现在我们知道你们的确很疼，但别急。

对女人来说，分娩这个过程，虽然并不是直接"击打"内脏器官，但是这种子宫部位的机械扩张的强度之大，会触发身体内的痛觉感受器，导致同样的内脏疼痛。

从怀孕到分娩的整个过程中，女性的臀部不断变小，而宝宝的脑袋越来越大，而且整个分娩过程平均需要 8 个小时，这 8 个小时充斥了恶心、疲劳和痛苦。更难受的是，随着分娩的加剧，肌肉与组织越来越紧绷，各种刺痛和局部疼痛越发厉害。

所以没错，蛋疼和生孩子这两者都非常痛，无论是蛋蛋被踢到还是女人生孩子，这两件事都传输了很多机械刺激信号给大脑中的痛觉中枢。

但是，痛觉不仅仅是一种生物反应，也是人的一种主观体验。也就是说，每个人感知到的痛苦，都存在或多或少的差别。

不同的心情、不同的警觉程度和每个人不同的经历，都会影响一个人对于痛苦的感受。也正是因为这样，许多试图从客观上直接对痛苦进行度量的尝试统统失败了。

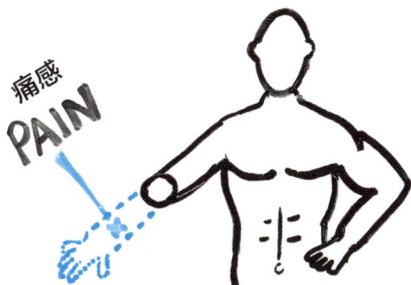

痛感
PAIN

有趣的是，在上肢截肢者中，有80%的人能够体验到一种被称为"幻肢痛"的现象，虽然他们觉得疼痛的肢体已经不再存在。现在还并不了解这种机制，但显而易见的是，这种疼痛感觉并不存在外界触发的可能性，但是这些人又的确能够感觉到非常真实的疼痛。

综上而言，疼痛并不是一种刺激。

疼痛只是一种经验，是非常主观的，

而且是非常个人化的体验，

每个人对于疼痛的理解都不尽相同。

无论是女人分娩，还是男人被击中了蛋蛋，

都非常痛，非常非常痛。

所以，我们说这两者打了个平手，没有输赢。

抛开事实本身来说，

经验的差距是完全不一样的，

而且有很多的变量和因素

来影响每个人过往的体验。

在面对同样一件事情的时候，

一个男人可能比一个女人更痛苦，

反之亦然。

不过这两种痛有一点是完全不一样的：

女人的疼痛是因为

可能有一个新的生命要降临了；

男人的痛则是因为……

也许这种痛就会降低

能够让一个新的生命降临的可能性。

疼痛
是
主观感受

PAIN IS SUBJECTIVE

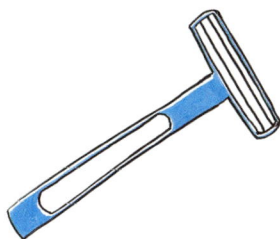

毛发会越剃越旺盛吗？

DOES SHAVING MAKE YOUR HAIR GROW THICKER?

我们都或多或少地被警告过，
一旦你剃或者刮了你的毛发，
它们重新长出来之后会比之前更浓、更黑、更茂盛。
还有些说法甚至指出，你越是刮，它们长得越快。
这些言论是否真实？

找一个恰当的比喻来形容你身上毛发的话，
那么可以说，它们就跟冰山似的。
你看到的也许很多，
但是你所看到的，
只不过是它们中的一小部分而已。
你所看不到的部分是真正活的部分，
叫作"毛囊"，
它们位于你的皮肤表层下面。
你看到的部分叫作"毛干"，
它们其实已经死掉了。
当毛发生长的时候，
其实是在根部的地方，形成一个锥形，
所以毛发最厚、最多的部分，
是在其根部，
紧挨着皮肤的。

当我们
剃除毛发的时候，
也是从最厚、最密的
这个地方开始切断的，
并在切口的地方
形成了一个
钝钝的平面。

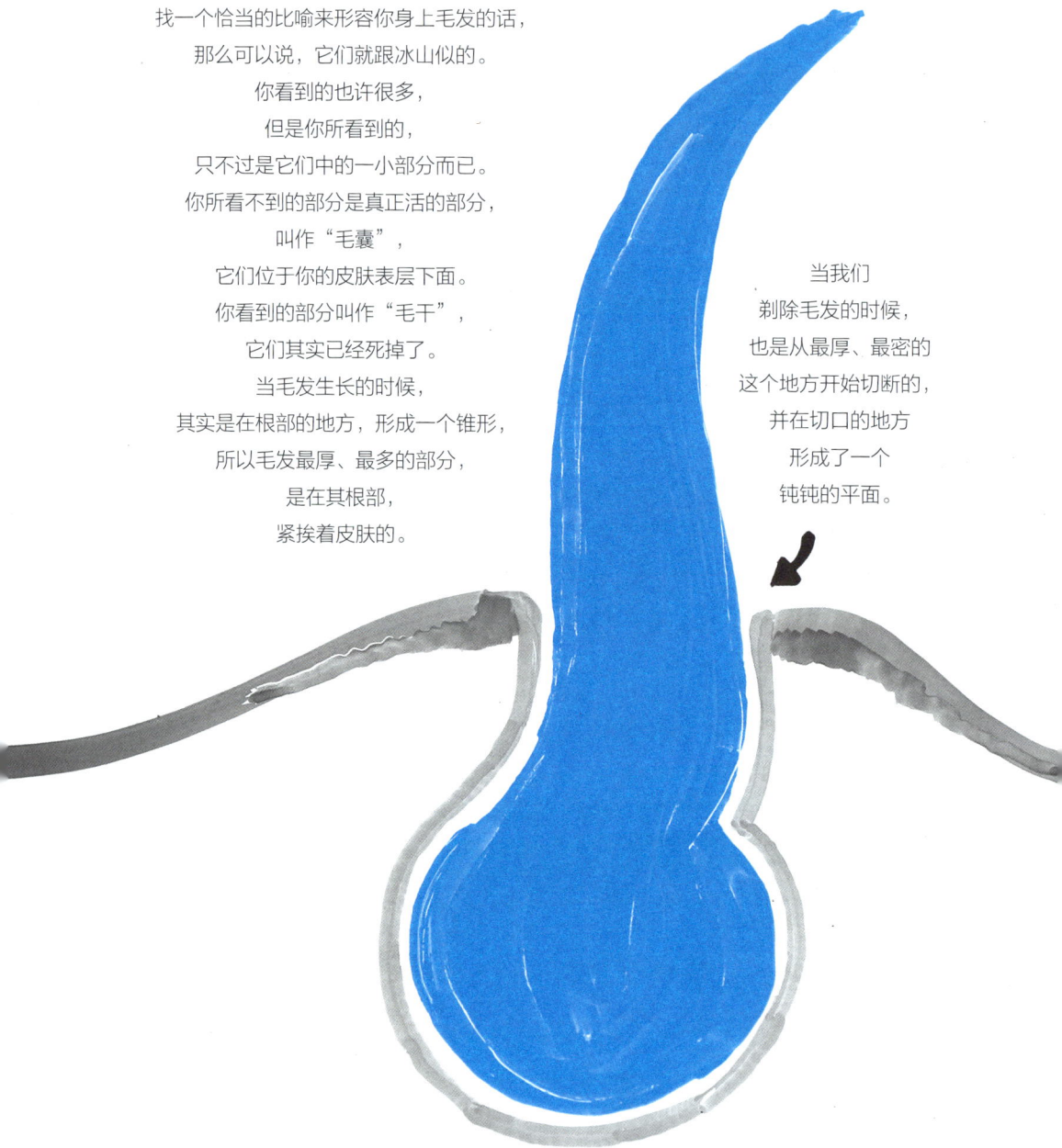

当毛发重新开始生长的时候，新的毛干部分伸出皮肤，长成一茬一茬的粗糙毛发。但是新生出来的这部分毛发，它们的厚度跟你之前剃的时候的切口是一模一样的。

虽然这些一茬茬的、粗糙的毛发可能显得稍微厚一点，但实际上并非如此。你的毛囊的大小已经决定了你毛发的厚度，剃除你的毛发这件事根本无法对毛发厚度做出什么改变。

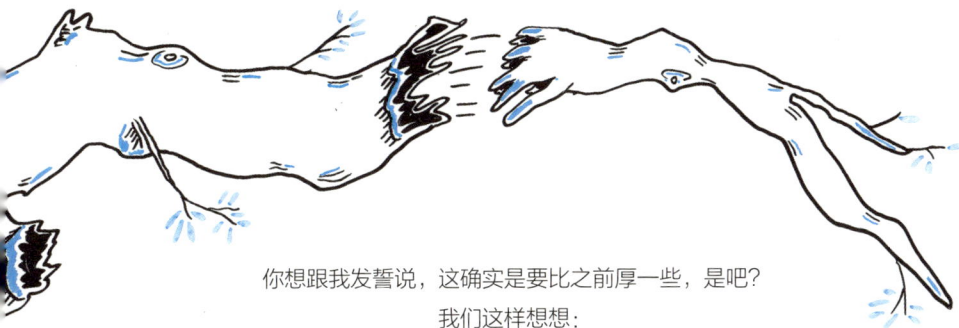

你想跟我发誓说，这确实是要比之前厚一些，是吧？

我们这样想想：

你把毛发当成是树上的一根长长的树枝，当树枝很长的时候，

总是显得相当招展和灵活；

但是一旦你把树枝砍短，砍到只有几英寸那么短的时候，

是不是觉得树枝显得笨重了？显得要比之前粗壮有力一些了？

毛发也是同样的道理。

黑色素
MELANIN

那么，头发的颜色又是怎么一回事？是这样的。颜色其实是由皮肤中的细胞决定的。这些细胞会产生色素，色素就是决定你的皮肤和毛发颜色的东西。产生色素的细胞叫色素细胞。在剃发后有时候会感觉新长出来的头发更暗，但是头发的颜色其实是没有任何改变的。新长出来这些发茬显得更加引人注目，其实是有别的原因。首先，较短的毛发会与皮肤之间产生更大的反差；其次，这些新长出来的毛发还没有被太阳照射过，接触化学物质的剂量也相对较少。

当这些发茬逐渐长出来后，
之前的那些说法就都站不住脚了。
所有的科学研究都证明，
剃头或者刮毛，
对于毛发生长的速度没有任何影响。

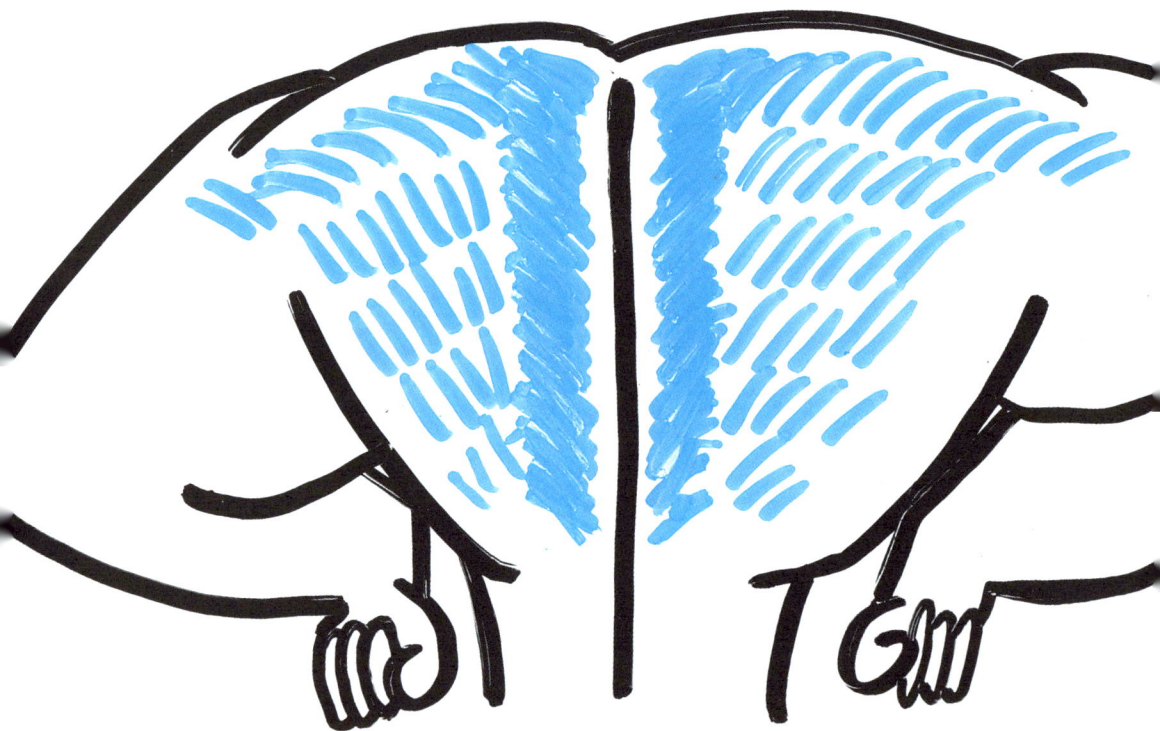

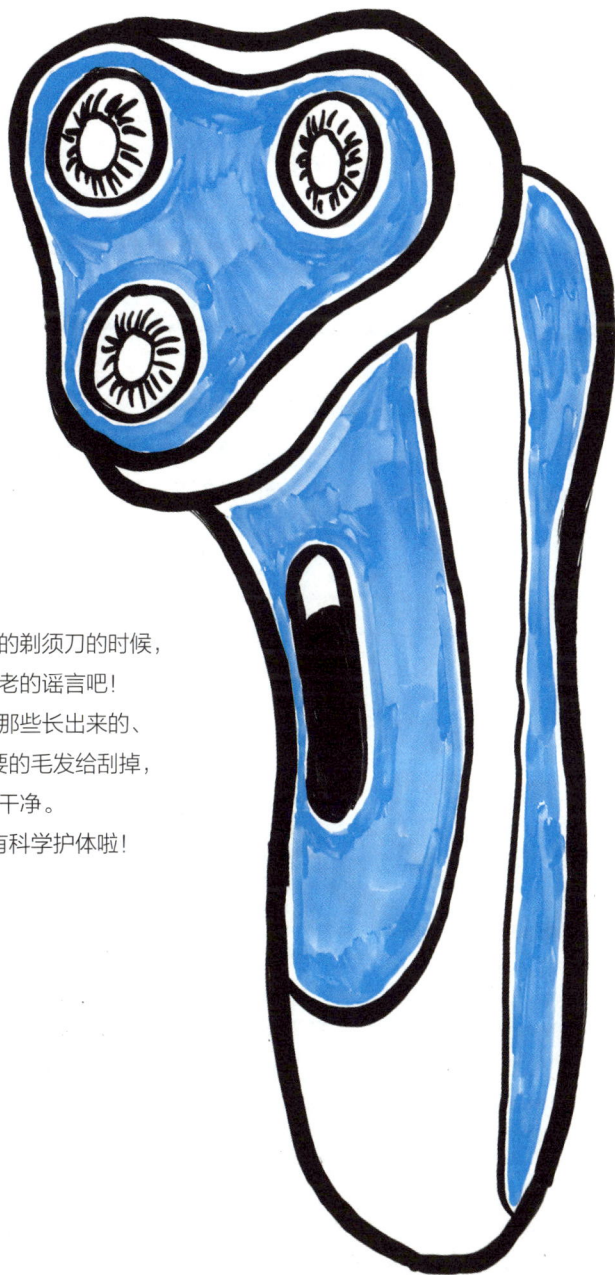

不，你不能！
No, you won't!

下次你再拿起你的剃须刀的时候，
忘掉这些古老的谣言吧！
尽量大胆地把那些长出来的、
难看的、不想要的毛发给刮掉，
剃个干净。
别忘了，你有科学护体啦！

睁着眼睛打喷嚏会把眼珠打出来吗？

CAN SNEEZING POP YOUR EYEBALLS OUT?

打喷嚏通常情况下都是出其不意的。
往往只有一秒钟的反应时间——阿嚏！
你的心脏停止跳动了吗？你的眼球蹦出来了吗？
这么强烈的力度让我们不禁会想，
为什么打喷嚏的时候会产生这么大的力量？
这种力量又到底有多强呢？

你不能过去！
You shall not pass!

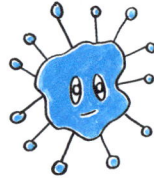

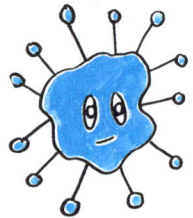

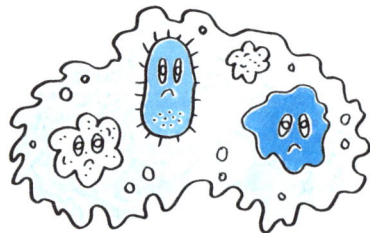

打喷嚏，只是你的身体发动的一个简单的防御机制。就跟流鼻涕似的——后者是为了阻止一些有害的微粒、细菌或是病毒进入你的鼻腔，对身体产生危害。而打喷嚏也正是通过这种强力的方式把空气从你的肺部使劲往外挤，把一些外部的侵略者驱赶出去。

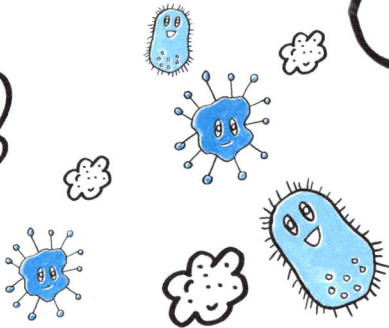

一颗小小的灰尘、花粉或者是胡椒粉，都能刺激鼻腔中的鼻毛，并激发出一种叫作"组织胺"的东西。这是一种化学物质，由身体的免疫系统所产生。组织胺能够激发鼻腔中的神经细胞，并且向你的大脑传递信号。它们还会刺激周围的区域产生液体，这就是流鼻涕的原因。通常情况下，一些抗过敏药物或者感冒药中都含有一种叫作"抗组胺"的物质，就是为了抑制流鼻涕等症状的发生。

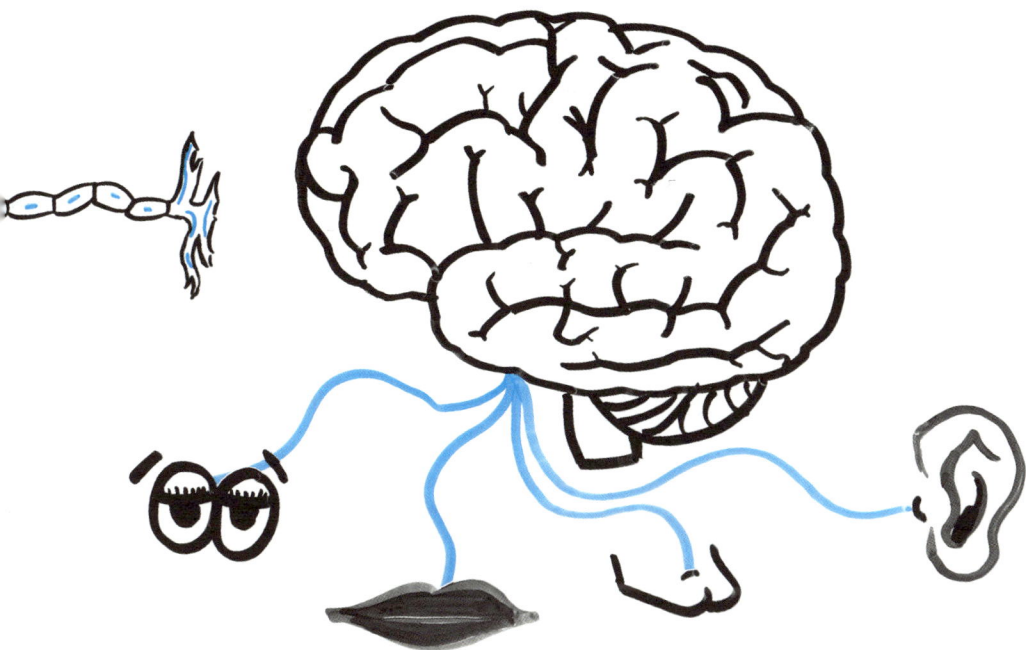

组织胺传递给大脑的信号通过三叉神经网络，

可以控制你的脸、眼睛、眼睑、前额、头皮和大部分脸颊，

还能控制牙齿、下巴，甚至外耳部分。

这个神奇的神经网络激发了位于脑干下半部分的"喷嚏中心"，产生打喷嚏的冲动；

同时，大脑发出的信号传递给脸上的肌肉群、喉咙，以及胸腔，它们共同协作，

就打出了一个大喷嚏，以消除那些刺激你鼻腔的小玩意儿。

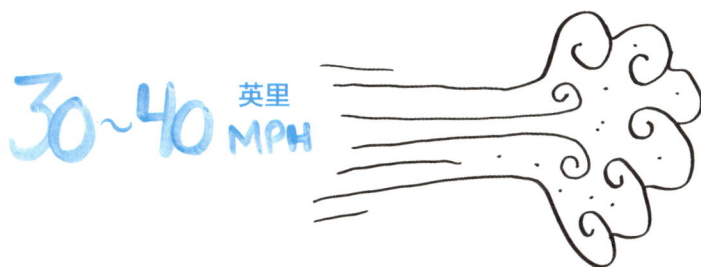

那么一个喷嚏的力量有多大？这可是一阵强风！

这些强风的速度，可以达到每小时 30 ~ 40 英里！

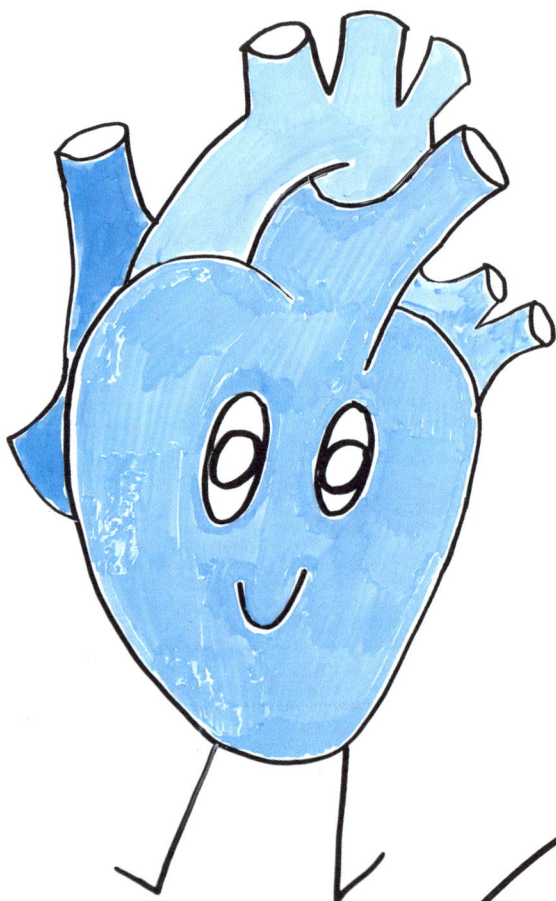

但是也别担心，
这个强度并不会像
那些神奇的传言所说的，
让心跳都停止，
睁开眼睛的时候
也不会让眼球蹦出眼眶。
打喷嚏引发的肌肉收缩
确实会暂时收缩血流量，
但是不会影响心脏正常跳动。

同样地，在打喷嚏的时候，
我们通常闭眼睛并不是
出于保护眼球不被弹出来的目的，
这只是一种反应机制。
神经网络在受到刺激的时候，
也会控制眼睑的肌肉，
所以我们自然而然地
就把眼睛闭上了。

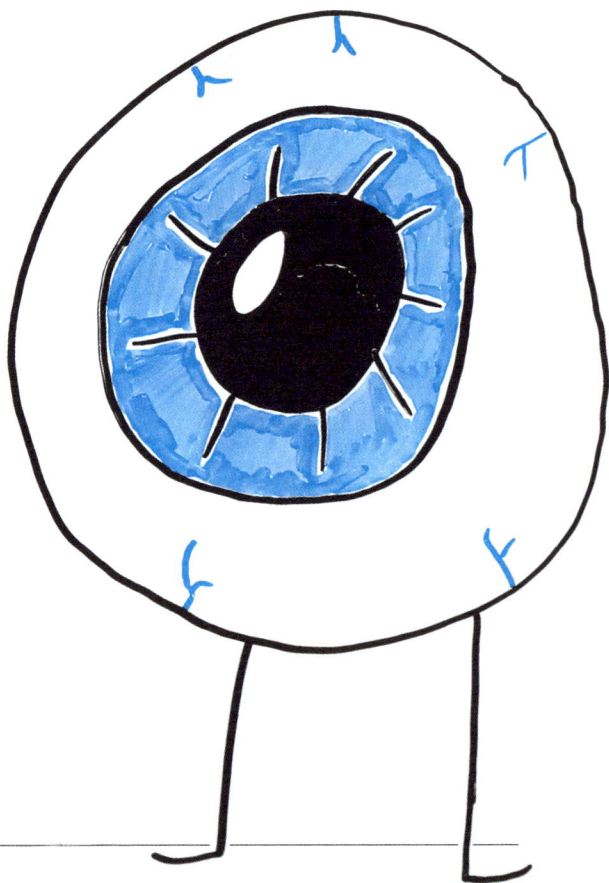

我们经常在一些特定的时候爱打喷嚏，

有时候是突然降温，有时候是锻炼或是床上运动后，有时候是刚刚吃撑。

有些人则是因为一些不同寻常的缘由而突然打喷嚏。

比如，突然受到强烈的光照后，有很多人会打喷嚏，

这被称作"光的喷嚏反射综合征"——大约三分之一的人有这种症状。

这是为什么？

一个可靠的研究表明，受到光照的时候，会有一个视神经信号穿过三叉神经网络，这个信号没有直接传递到大脑，而是直接刺激到了眼睛，但这个时候会发生一个生物性的误差，三叉神经接收到错误的信号，告诉大脑，误以为是鼻腔受到了刺激——如上所述，就打出了一个喷嚏。

所以尽管只是区区一个喷嚏，却常常产生"牵一发而动全身"的效果，就跟做了一个全身运动似的。但这只不过是身体想要清洁鼻腔的一种方式而已，但这恰好……是目前所知道的最好的方式。

"人体"会自燃吗？

COULD YOU SPONTANEOUSLY COMBUST?

人体会不会突然发生自燃，起火？

这个想法听起来虽然十分荒诞，

但是确实有数百次的关于人体自燃的报道，

最早的一个关于人体自燃的报道可以追溯到 1663 年。

这些案例的真实度到底如何？背后有没有什么科学因素？

还有我们更关心的——这种事儿会不会发生在自己身上啊？

大多数关于人体自燃的报道都是这么写的：
一个独自居住的身体偏胖、年纪比较大的老人家，
被发现在家中自燃，身体已经被烧成脆片了。
周围有一些证据似乎能证明确实有起火这件事儿发生，
但是整个家里几乎没有受到任何影响。

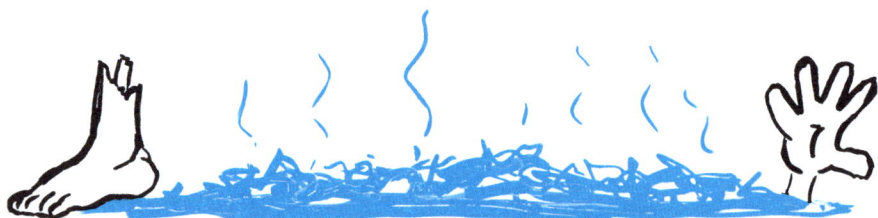

最奇特的是，受害者的四肢——手和脚都是完好无损的。
但最重要的是，所有的这些报道中，
都没有证据证明确实是发生了自燃，或者有人见证这个过程，
报道所涉及的，全部都只有事后的这些画面。

灯芯效应 THE WICK EFFECT

幸运的是，
有一种叫作
"灯芯效应"的理论，
有助于解释
这些神秘现象。

蜡烛是最好的例子：
蜡烛灯芯的火焰很小，
但是却可以达到
让人难以置信的温度；
这种温度可以熔化
灯芯周围的蜡，
使其汽化；
这个汽化的过程可以降低
其包裹的灯芯的温度，
防止其燃烧；
而等到蜡被汽化到
空气中后，
灯芯就继续燃烧。

这跟人体自燃有什么关系？
这个"灯芯效应"认为，
香烟或者其他小的火源，
可以烧掉一小块区域的衣服；
烧完衣服之后，
则继续灼烧衣服下面的皮肤；

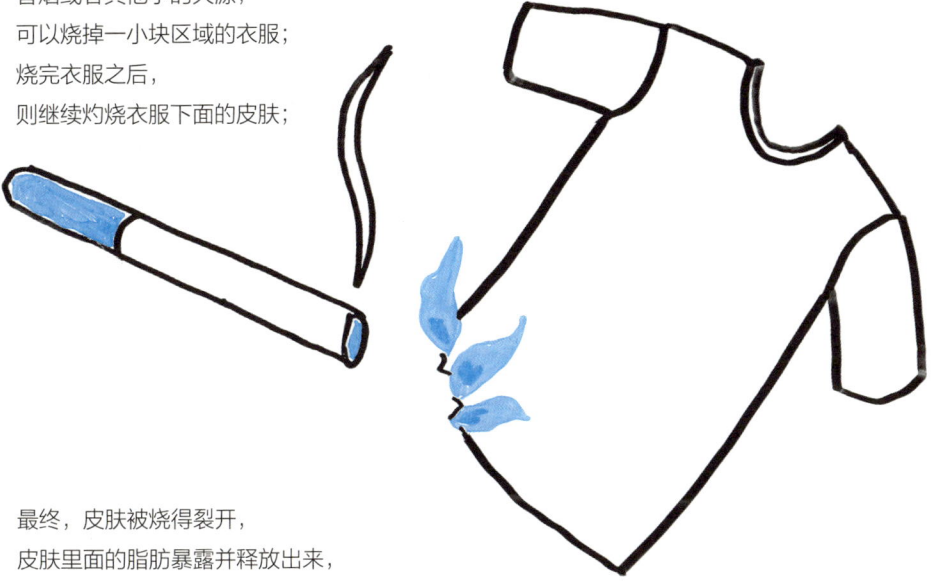

最终，皮肤被烧得裂开，
皮肤里面的脂肪暴露并释放出来，
围绕着燃烧的衣服，就跟蜡烛的蜡包裹着灯芯似的，
就这么接着烧下去了（实际上，蜡烛最初就是用动物脂肪制成的）。
脂肪这样包裹着衣物，慢慢地燃烧着，
只要有源源不断的脂肪包裹着，火苗就不会扩散到周围的环境中去。

曾经有人用猪做过这个实验。
这也有助于解释为什么手和脚通常都是完好的——
这些部位的脂肪含量都比较少。

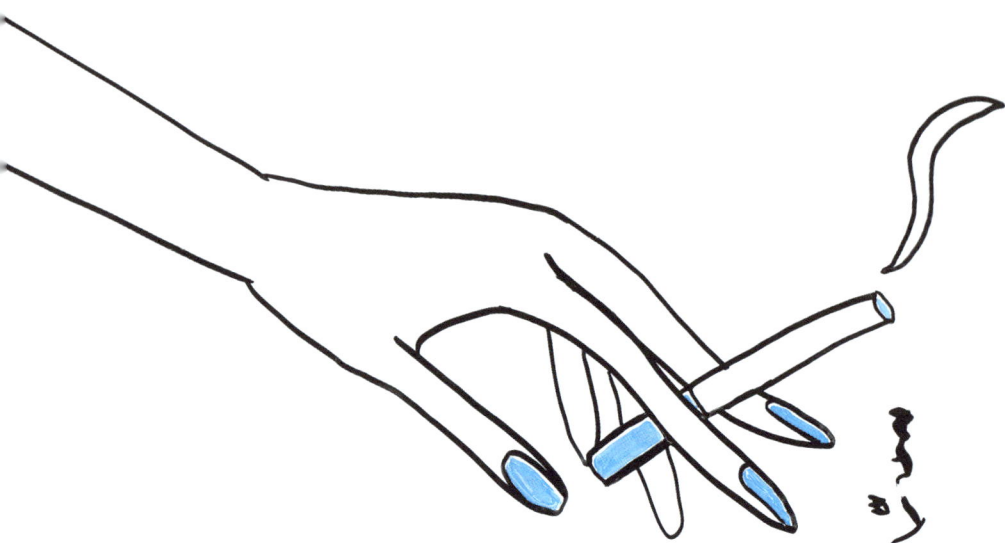

虽然这个叫作"灯芯效应"的假设
来源于一个外部的火种，
并不是真正的"自燃"，
但是研究人员们却有充分的理由相信这个理论的正确性。
通过对这些"人体自燃"案件的勘查，
发现大多数受害者靠近着一些火源：
蜡烛、壁炉或者香烟。
而大多数受害者是老年人或者行动不便的人，
他们逃脱的时候总是要比正常人困难很多。
最后，还有一个证据印证了上述看法：
这些人大多数都是在睡眠中死去的。

现在还相信真的有
"人体自燃"这回事儿吗？
要知道，
这个星球上所有其他动物
都没有被记录在案的自燃经历，
唯独人类有。

所以放心睡大觉吧！
你是不可能发生自燃哒！

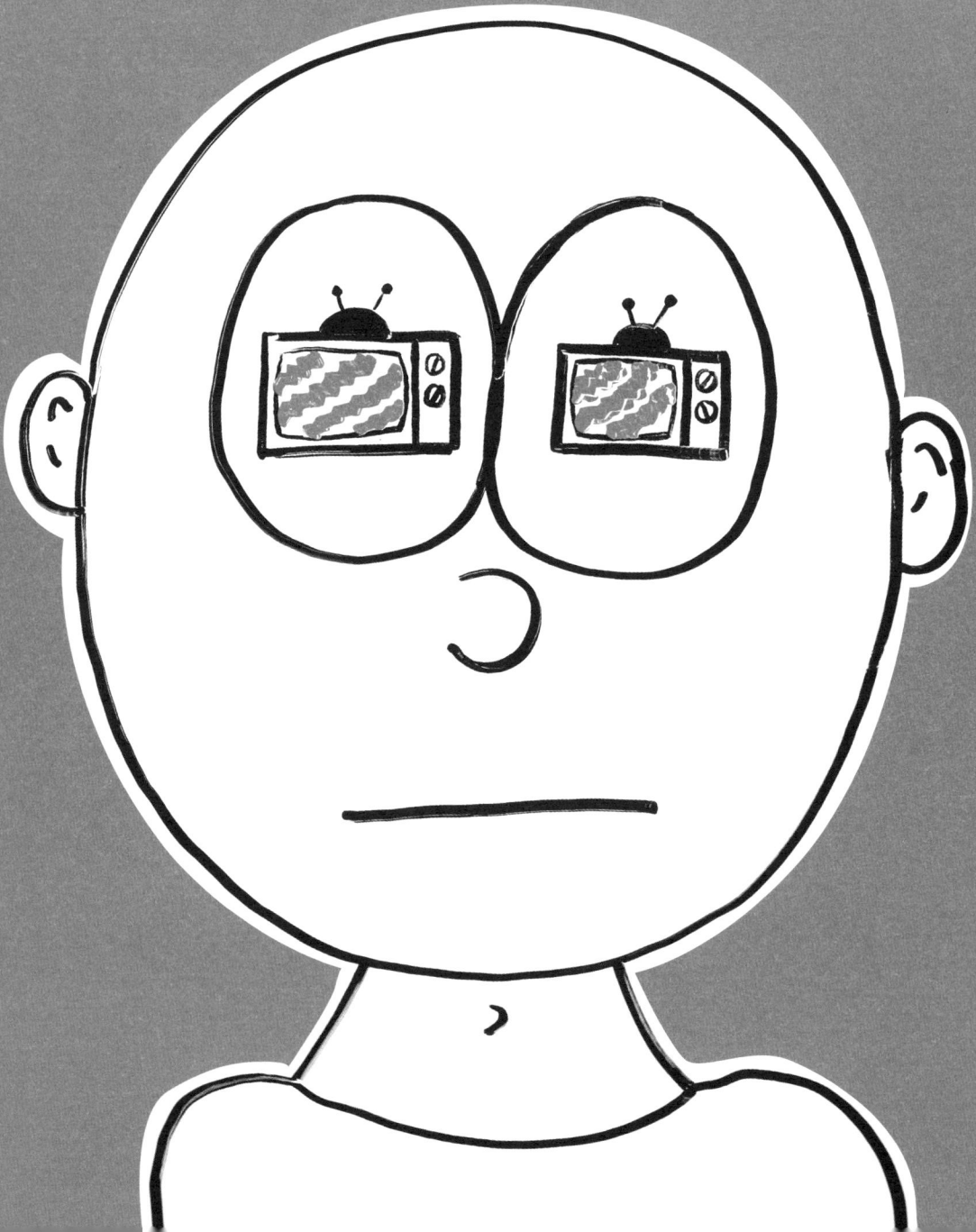

疯狂看电视对身体有害吗？

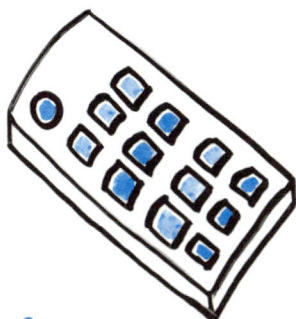

IS BINGE TV WATCHING BAD FOR YOU?

着魔一般地连看两周奥运会赛事，

一个新的游戏一口气玩到通关，

不歇气地看最爱的连续剧……

我们很多人有过这种把大量时间花在电视机荧幕前的经历。

这种超长时间看电视对我们的身体会有什么影响吗？

你知道吗，在过去，这种疯狂的行为基本上是致命的！1967 年，在生产电视机的过程中出现了一个错误，导致有些电视机会散发出有害的 X 射线；而当时这些 X 射线的辐射水平，是我们今天认定为安全剂量的十万倍！

但到了今天，电视机依然会给眼睛造成沉重的负担。在正常情况下，人类每分钟眨眼的次数为 80 次左右，但是当我们把注意力集中在电视机荧幕上时，因为我们专注于凝视屏幕上的内容，每分钟眨眼的次数急剧下降，这就会引发眼睛的疲劳和疼痛。但幸运的是，这些症状往往是短期的。

对小孩子来说，在室内待的时间过长，会引发发育方面的一些问题。在一些长时间在室内待着的小朋友当中，会更频繁地产生近视的问题——也就是说眼睛在聚焦方面出现了问题。近视可能并不仅仅是因为在屋里待着会不断地把目光专注于身边的事物，科学家们更多地相信，在健康的眼睛的自身调节过程中，太阳可能会起到很重要的作用。

对我们来说，看电视可能确实是一个放松大脑和身体的好方式，但这并不代表看电视总是一件好的事情。就像科学研究已经表明：久坐是引起肥胖的一个重要原因一样，研究也同时表明，那些不看电视的人，会燃烧更多的卡路里——即使他们和看电视的人相比并没有增大什么运动量。简单地做一些需要思考的活动，诸如阅读、下棋，或者一些日常家务活动，都会需要更多的能量，从而燃烧更多的卡路里。就像你现在正在看这本书——这样就比你现在正在看电视，要消耗更多的热量。

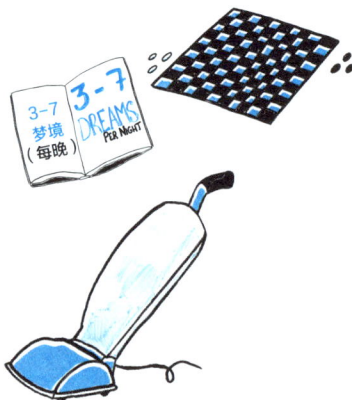

如果你在睡觉前是出于放松的目的想看看电视，那么效果有可能适得其反。有研究表明，睡前看电视可能会降低睡眠质量，慢慢让你背上缺乏睡眠的负担。而且，看电视还有可能影响一些别的在睡眠时的活动，研究人员已经发现，如果一个男人在一周之内看电视超过 20 小时，平均下来他的精子数量会减少 44%。

　　但是，看电视给我们带来影响最大的方面，还是我们的寿命。
现在已经有证据证明了看电视时间与罹患糖尿病和心脏病之间的相关性，
而更令人吃惊的是，研究还发现，
看电视的时间长短与所有导致死亡的原因之间都存在相关性。
一项研究的结论表明，每当你多花一个钟头在看电视上，你的寿命就被缩短 22 分钟。

　　当然，上面说的相关性，并不代表直接的因果关系。当你适当地看电视，把时间维持在正常的范围内的时候，是不会影响身体健康的。但是如果沉迷于电视节目时，这就会对你的身体产生危害了。所以我们要更多地"动起来"，我运动，我快乐！

是先有蛋，还是先有鸡？

......

—WHICH CAME FIRST—
THE CHICKEN OR THE EGG?

这是一个从古希腊到现在一直给人类带来深深困扰的难题。
但我们依然望眼欲穿地想知道，
到底是先有蛋还是先有鸡？

如果仅仅从字面上来看的话，
这个问题其实是非常简单的。
卵生动物大概从 3.4 亿年前开始就存在，
这要比鸡存在的年代久远得多。
所以，从技术的角度上来看，
应该是蛋比鸡要先出现的。

但是这个问题，
更严谨的表达方式是
"是先有鸡，还是先有鸡蛋"？
那么这就更加侧重于
周期性原因和后果了。
也就是说，
如果一只鸡是从鸡蛋里出来的，
那么这个鸡蛋是哪儿来的？
但是，
鸡又只能是从鸡蛋里孵出来的。
那么到底先有的哪个？

鸡之队 TEAM CHICKEN

首先，我们看看支持先有鸡的人的立场——我们叫他们"鸡之队"好了。研究表明，在鸡的卵巢中，有一种叫作"OV-17"的蛋白质，这种蛋白质对于鸡蛋的形成至关重要，没有这种蛋白质，则不能形成鸡蛋壳。因此，如果没有一只鸡的存在，我们是不可能凭空得到一个鸡蛋的。

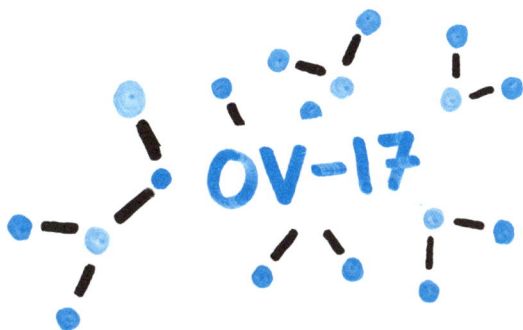

然而这一切都取决于我们对"鸡蛋"的本质的认识和定义。

一个鸡蛋，到底是指它是由鸡所下的一个蛋，

还是说其实是指里面有一只鸡的蛋？

当然，基于 OV-17 而形成的鸡蛋

所孵出来的小鸡当然是来自某些地方。

但是想想，如果一头大象下了一个蛋，

而从这个蛋中孵出了一只狮子——那么这到底是一颗大象蛋，

还是一颗狮子蛋？

蛋之队 TEAM EGG

然后让我们看看支持先有蛋的人的立场——
同样地，我们叫他们"蛋之队"。
在繁殖过程中，
两个生物通过 DNA 来传递遗传信息。

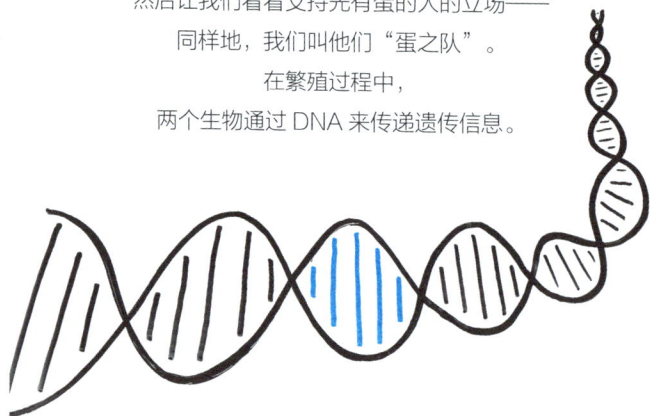

但是，
DNA 的复制
从来都不是 100% 准确的，
在这个过程中，
往往会产生细微的变化，
从而诞生新的有机体。
这些经历了小突变的 DNA，
经过千万次的演变，
就会创造新的物种。
但是，
这种基因的突变，
只能在受精卵中，
或者精子和卵子结合的时候发生。

所以，假设有一种生物跟鸡很像——我们在这儿姑且就称它为"原型鸡"好了——它可能会和另外一只原型鸡交配；在交配的过程中，发生了微小的基因突变，就创造出了第一只鸡——而这只鸡，就是从蛋里孵化出来的。

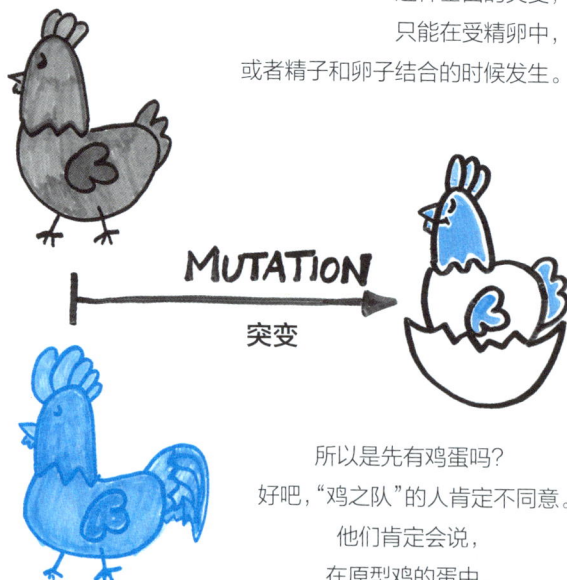

MUTATION
突变

所以是先有鸡蛋吗？
好吧，"鸡之队"的人肯定不同意。
他们肯定会说，
在原型鸡的蛋中，
首先肯定是有一只鸡的！

　　其实，没有任何生物的突变能够直接形成一个新的物种。虽然当下我们人类喜欢把生物分成不同的组别，赋予它们不同的名称，但是这是基于当下的生物多样性现状才发生的。在数百万年前，并没有这么多种生物，而生物的进化过程又是如此缓慢，在这个缓慢无比的过程中，当一只原型鸡孵化出来的时候，它并不被视为一个新的物种，就像狗是如何从狼慢慢演化过来的一样，当人类开始接触和驯化狼的时候，并没有人能意识到或者是指出，到底是从什么时候开始，狼生出来的就不再是狼，而是一只狗了。

相反，就像在选择压力下所形成的特定路径一样，

我们如果不断地选择那些不惧怕人类的狼来驯化，

或者是选择那些没什么攻击性和侵略性的狼来进行驯化，

所得到的结果肯定是不同的；

在经过多代以后，

这种差异就变得越来越明显，

我们就可以看到在遗传和行为特征上存在巨大差异的狼。

我们面对的可能会有两种场景：

1

第一，有一些早期的卵生物种，慢慢地依靠变异变成可以产出原型鸡蛋的原型鸡。在这些原型鸡下的原型鸡蛋中，又产生了微小的突变或是发生了选择优势，就诞生了第一只鸡，然后这只鸡再接着生出鸡蛋来。那么，在这种场景下，应该是先有鸡的。

2

第二，一只原型鸡生下来一只鸡，而这只鸡是从一个鸡蛋中孵化出来的。那么，在这种场景下，应该是先有蛋的。

这样又把我们带回到了最初的一个概念之中，

即，到底什么是鸡蛋？怎么给鸡蛋下定义？

好了，你现在知道了，这其实是一个没有意义的问题。

当一天的争论结束的时候，我们能够达成一致的是，

不管最初那个鸡蛋到底是一个原型鸡的蛋，

还是一个普通的鸡蛋，

第一只真正的鸡，

都是从一个蛋中孵化出来的。

先有蛋。THE EGG CAME FIRST.

BODY

TALK

身体的语言

大脑 会突然 短路吗？

BRAIN FARTS

你可能闻不到它们的味道，但几乎可以肯定的是，
它们是臭烘烘的 。
就如你知道的，有些时候你的脑子好像会突然忘记怎么运作，
或者有那么 5 秒钟，你突然想不起来到底该怎么说话了——
哈哈，你的大脑只是突然糊涂，短路了！
但是到底发生了什么？

这个现象的科学术语叫作"大脑活动变化的不适应症"。

没错，

科学家们已经开始投入大量的时间

去探究和理解这个我们生活中的怪事儿啦。

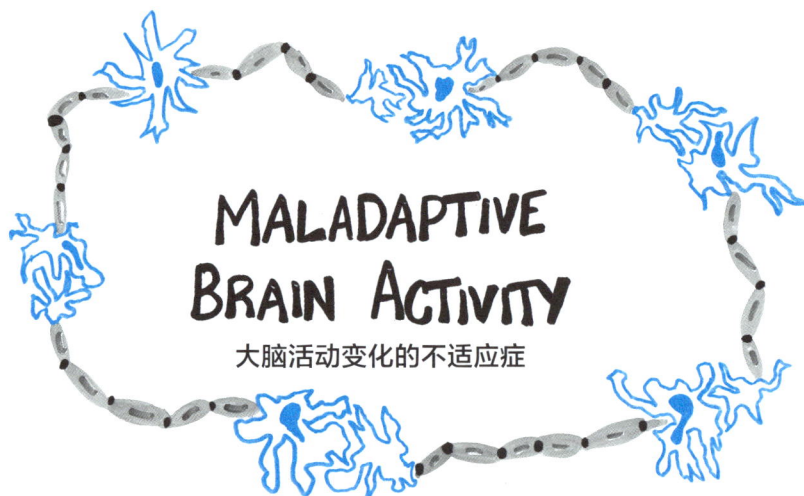

MALADAPTIVE BRAIN ACTIVITY

大脑活动变化的不适应症

科学家们召集一些志愿者，让他们从事一些重复性的活动，

并持续检测他们大脑的活动。

后来，科学家们就发现了一些难以置信的事儿：在一些错误发生之前，

他们能看到大脑突然会发生大概 30 秒的异常活动。

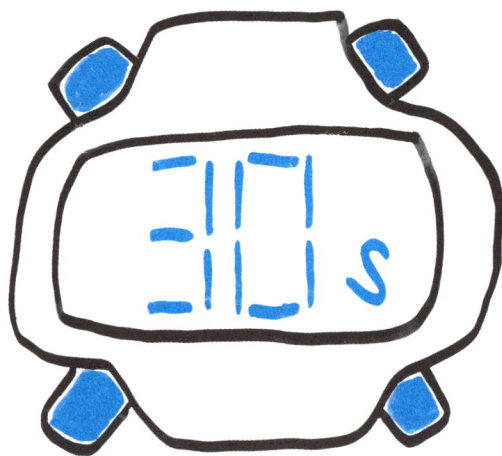

· 这对科学家们来说是一个很大的惊喜——

因为在之前的假设中，人们犯错误的原因，被归结于突然性的注意力缺失。

恰恰相反，在错误发生前的大概半分钟的时间，
大脑里有关放松的区域突然开始变得活跃起来，
同时，那些努力完成任务而紧张工作的大脑区域，则开始趋于沉寂。

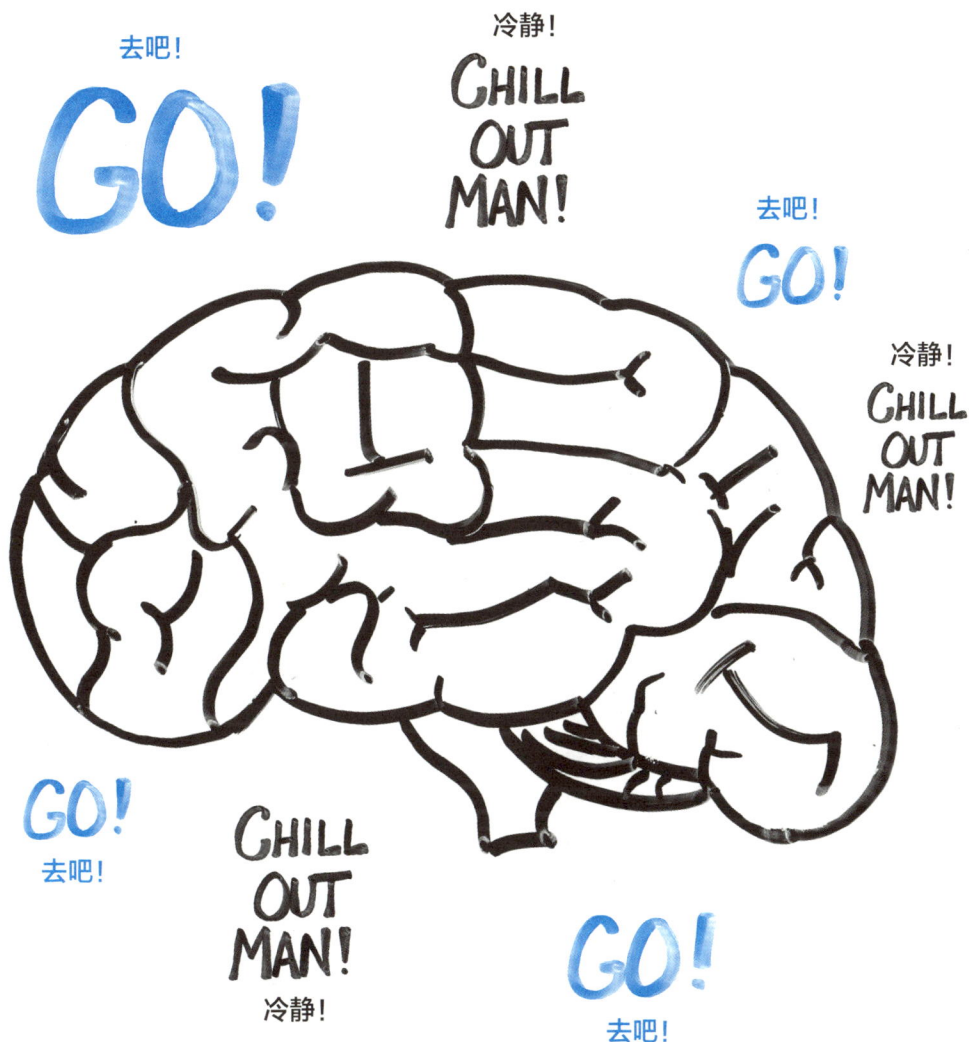

但是一旦当你意识到错误发生之后，大脑负责工作的区域就立即加速运转，回到正常工作状态之中。越是重复性高、越是普遍化的活动，发生错误的概率越高。科学家们认为，大脑会试图在这种任务中更多地节省能量，而进入一个相对舒适的状态之后，可以达到减少能量消耗的目的。但是有时候大脑松懈得有点儿过头了，所以在干活儿的时候就容易出现差错。

有趣的是，科学家们发现，像做白日梦这样的内部思想活动，才是大脑活动的"标准配置"，是大脑最爱干的事儿；但是人总是需要不停地完成一些生活中的实际任务，所以大脑必须停止和抑制它最喜欢的"娱乐活动"去工作。但如果你开始做一些你的大脑已经习惯了的事儿的时候，它就再度松懈了，回到它的标准配置之中，干它爱干的事儿——发呆出神，做白日梦。比如你在洗碗，或者跟熟悉的人讲话的时候，都可能会导致大脑突然进入这种状态，然后就出错啦！比如，你洗碗的时候会突然把盘子放错地方，或者你根本忘了你还在和人谈话！

不过别担心，
这是人类生活中的一个
正常的组成部分，
我们中的大多数人都经历过
这种大脑短路的状况。
大脑常常会短路，
我们总是会不停地犯迷糊——
呃，你习惯了就好了。

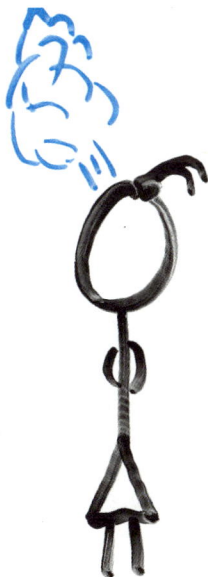

关于口臭的科学理论

THE SCIENCE OF BAD BREATH

有时候晚餐我们多吃了点儿大蒜，

有时候早上起来的时候深深地打个哈欠，

这些时候，或许我们都会散发出强烈的臭味儿。

但是这些臭味儿到底是怎么回事，从哪儿来的？

为什么有些人真是臭不可闻，有些人却基本没什么味道？

更重要的是，我们要怎样才能摆脱它们？

散发臭气儿这事儿，不分年龄，无论性别，是一种非常普遍的现象。

每时每刻，都有将近半数的人有臭气儿的问题。

更有接近 20% 的人，他们患有长期的慢性口臭，

而这部分人被医生们称作"口臭患者"。

你是不是觉得自己也有这个问题？这倒没这么绝对。

绝大多数人认为自己是口臭患者，其实只是对口臭这东西心怀恐惧——

这就是我们说的"口臭恐惧症"。

什么？

口臭症 HALITOPHOBIA

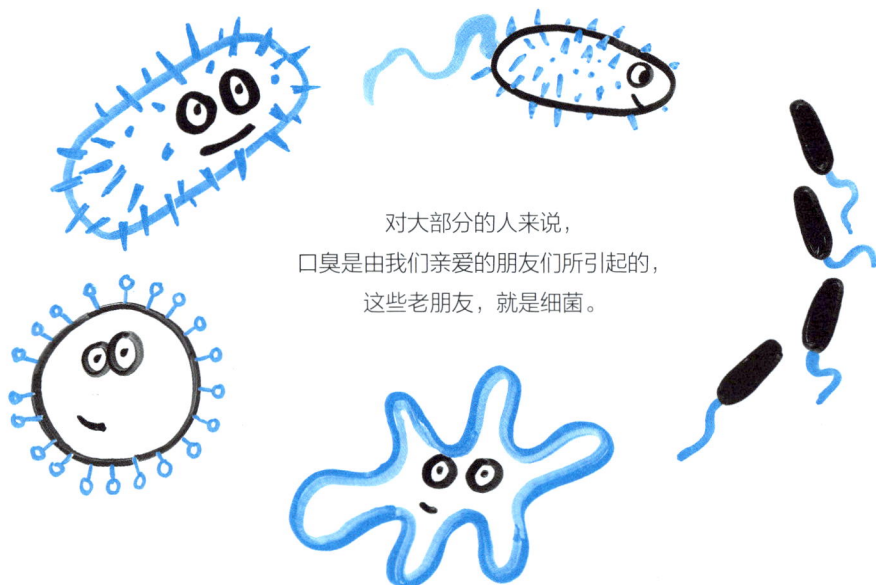

对大部分的人来说，
口臭是由我们亲爱的朋友们所引起的，
这些老朋友，就是细菌。

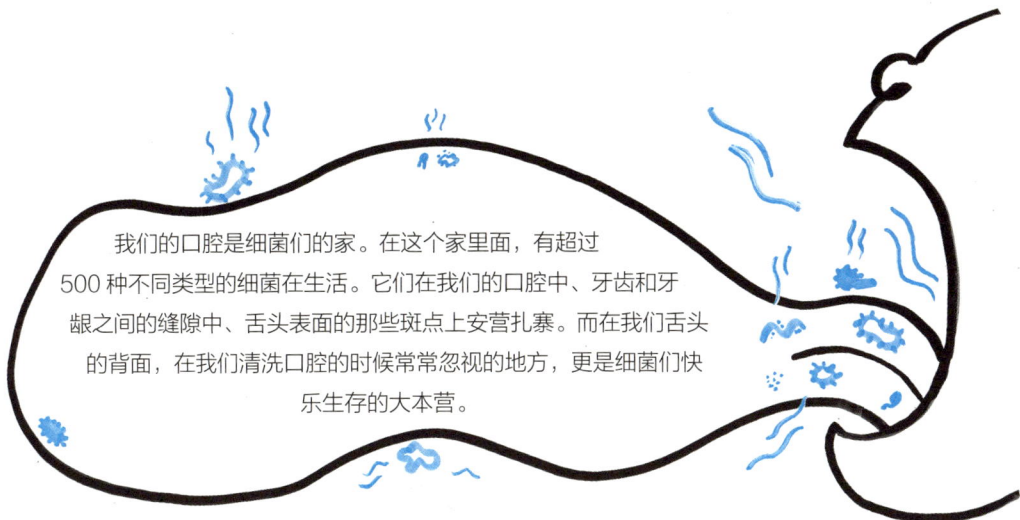

我们的口腔是细菌们的家。在这个家里面，有超过500 种不同类型的细菌在生活。它们在我们的口腔中、牙齿和牙龈之间的缝隙中、舌头表面的那些斑点上安营扎寨。而在我们舌头的背面，在我们清洗口腔的时候常常忽视的地方，更是细菌们快乐生存的大本营。

这些细菌可以分解
我们吃进去的食物残渣，
并释放出含硫的化合物——
对，
就是散发出臭鸡蛋味儿的那些东西。

就像你把吃的东西，或者牛奶，
放在一个地方太久以后一样，
细菌就会分解里面的蛋白质，
然后散发出强烈的酸臭味儿。

看起来好像很严重的样子，
但是这种酸臭味儿，
和细菌在你的肠道里消化食物
所产生的味儿是一样的。
也就是说，这些酸臭的气体，
和你放出来的屁，其实是一个东西。
呃，也就是说，当你散发口臭的时候，
你其实只不过是在用嘴巴放屁而已……

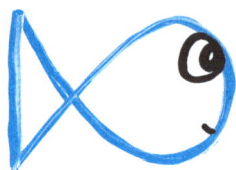

当然，食物和食物间不同，
有些食物能够刺激更多的细菌生长，
比如那些含蛋白质更多的
乳制品、肉类、鱼类等，
它们能分解出更多的含硫的
挥发性化合物。

而像香烟、酒精这种东西，
则可以给细菌的生长创造出
更为舒适的环境。

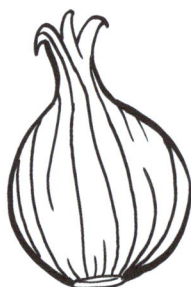

咖啡也是，咖啡可以为口
腔营造出一个酸性的、含
糖量相当丰富的环境，这
两者也可以促进细菌繁殖，
并最终导致口腔散发出令
闻者丧胆的"咖啡式口臭"。

通过漱口等方式清洁口腔，可以清除
一部分的臭味儿；但是像洋葱、大蒜这样
的食物，它们产生的含硫化合物已经进入
血液中，漱口就没用了。它们会通过血液
循环到肺和身体的毛孔中去，然后从肺里
呼出来，从毛孔中散发出来。

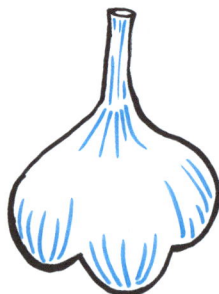

在睡觉之后，嘴巴是不是有时候会发出臭味儿？因为在睡觉的时候，口腔中不会分泌很多的唾液，所以口腔是比较干燥的，而这种干燥的环境，恰好有利于细菌的滋长。但是在早上刷牙之后，往往就没臭味儿了，或者吃一份清新的早餐（尤其是一些粗粮，可以帮助更多地清洁到舌头的背面）之后，臭味儿往往也消失了！

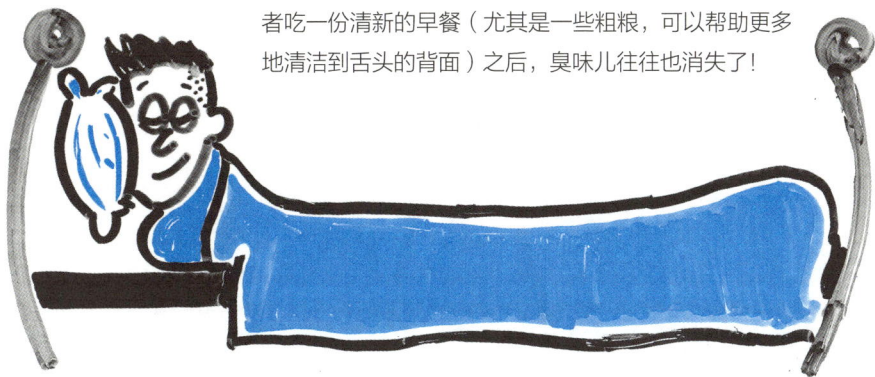

如果你长期受到口臭的困扰，
请务必不要灰心丧气，要有信心，
这个是可以通过严格的口腔管理和
认真而彻底的口腔清洁而根治的。
每次刷牙的时候，
记得好好刷刷牙齿和舌头，
平时记得多用牙线清洁口腔，
并记得多去拜访一下你的牙医。
只要你能做到，并且保持，
你的呼吸一定可以是香香哒！

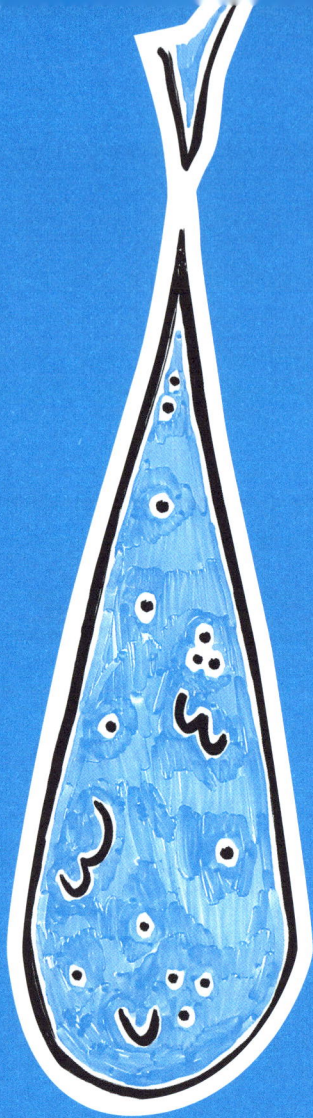

鼻涕可以救命吗？

....

CAN SNOT SAVE US?

看见他人擤鼻涕或者甚至是——鼻涕流到嘴巴里面，
总是让人恶心反胃的事儿。
但是鼻涕真的就是很糟糕的东西吗？
如果跟你说，鼻涕可以救你的命，
而且告诉你，我们应该对鼻涕这种黏糊糊的东西保持敬意，
而不是害怕，你意下如何？

不要把鼻涕和痰什么的混淆了哈。
痰是呼吸系统中其他部分所产生的玩意儿，
而鼻涕是鼻子中分泌出来的一种液体。

鼻涕的主要构成是水分，
当然里面也有一些别的东西，
比如蛋白质、糖类、盐，以及一些细胞组织。

鼻涕之所以黏糊糊的，是为了捕捉灰尘、污垢和一些细菌；
这些东西一旦进入我们的身体，就会感染呼吸道。
当鼻涕把这些东西困住以后，我们往往会打喷嚏，
或者需要擤鼻涕——
然后这些东西就随着这样的行为被驱赶出去了！
呃，当然，除了打喷嚏和擤鼻涕，
把鼻涕吃掉，也是驱除那些有害物质的一种方法。

你的鼻腔里，有数不清的鼻毛把鼻涕往你的喉咙里扫啊扫的，
一直扫到你把鼻涕吞进肚子里去，接下来，
胃酸就会用它强大的威力把鼻涕里的不速之客全部一扫而光。

是不是有人认为鼻涕的味道很好？
你可能常常能见到，
有一些熊孩子总是爱用手擤鼻涕，
然后再将其大快朵颐……
但这样对他们而言肯定是不好的，
对吧？研究人员得出的结论认为，
鼻涕为了引诱一些熊孩子来吃，
里面可能含有一些有糖味儿的物质。
如果咱们生活的环境中没什么脏东西，
也没什么细菌，
但是却时常发生过敏现象
或者一些别的疾病的时候，
吃鼻涕这种行为确实能够
帮助这些熊孩子直接面对病原体，
这种行为最终可以帮助他们
建立身体的免疫系统。

　　一个健康的鼻子，一天差不多能分泌出半升的鼻涕。如果你不巧感冒了，病毒感染了你的身体，然后它们跑到你的细胞黏膜上开始进行繁殖，这个时候你的身体就会产生应对机制，这种机制会煽动你身体里的黏膜细胞，把更多的血液输送到你的鼻子里去，然后从鼻子里把多余的水分渗出去，就发生了流鼻涕的现象。

鼻涕中有一种物质，叫"杀菌酶"，
这种酶可以直接把细菌杀死；
而其中还有一种物质含有丰富的蛋白质，
这种物质叫作"黏蛋白"，
是用来防止细菌生长的。

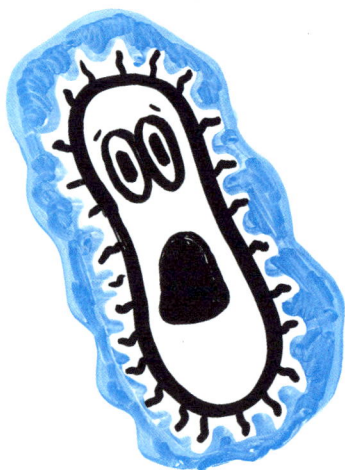

黏蛋白表面含有高密度的糖衣，
所以可以保持很多的水分，
而且可以保持在一个"凝胶态"，
它的作用是把细菌都弄成一块块儿的。
通过这种分离细菌个体细胞的方式，
可以让细菌们无法凑在一块儿工作。
科学家们越来越关注黏蛋白，
这种物质可以应用在很多别的东西上，比如牙膏，
用在一些细菌巨多的地方，
比如医院里什么的。

你会不会注意到，鼻涕有时候有很多种颜色？这里面含有的信息量可大了去了。有的时候鼻涕里有少量的红色，这是因为含有少量的血液，提醒你擤鼻涕的时候可能太用力了；有的时候鼻涕带点儿绿色，这一般是表示有细菌或者病毒感染。绿色代表着免疫系统正在应对感染，因为免疫系统会分泌一种含铁元素的酶。很有意思的是，这种含铁的酶，也存在于绿绿的芥末之中；而芥末最初就是在吃日本料理的时候，用来去掉那些生的食物中的细菌的。

所以呢，
那些透明的、没啥颜色的鼻涕，
通常意味着你是健康哒。

带着骄傲的荣誉感，
举起你粘满了
黏糊糊的鼻涕的手吧！
管它恶不恶心呢，
哈哈，
它们可是你的保安大队！

有专门应对
打嗝儿
的方法吗？

IS THERE A HICCUP CURE?

每次当你打嗝儿的时候都有人信誓旦旦地过来
跟你说他们的神奇妙方。

"你听我的，一口气喝完一整杯水，非常有用。"

"只需要憋气数十下即可！"

"咬一口柠檬！"等等，诸如此类。

但这些方法通常并不那么管用。

打嗝儿这件事到底是啥东西？

有没有万无一失的确定方法可以让我们不打嗝儿？

打嗝儿直接跟你胸腔里的横膈膜有关。
横膈膜是一组肌肉，它位于你胸腔的底部，
是一张横向延展的膜，这张膜在你日常的呼吸活动中起着核心作用。

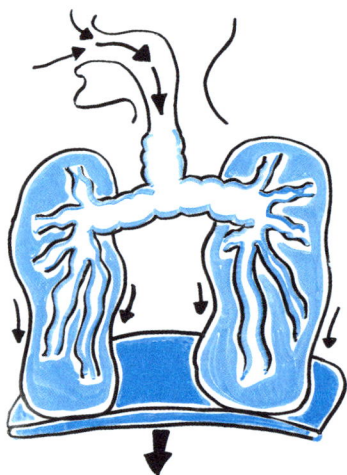

吸气的时候，
横膈膜收缩并往下推，
给肺部的扩张创造更大的空间。

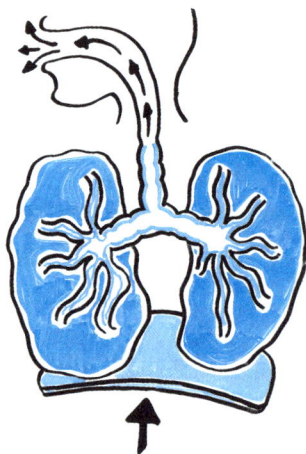

而当横膈膜放松的时候，则会不断往上推，
迫使肺部收缩，并进行呼气动作。
这些动作发生的时候你甚至都不会有任何意识，
这个过程却一天一天悄悄而不断地重复着。
但是有时候这整个系统也会突然出点儿小差错，
像是赛车突然驶离赛道一样——
这样就会发生打嗝儿啦！

打嗝儿是横膈膜发生短促地、不自觉地抽动的过程，这种短促的抽动引发肌肉的收缩，
并关闭声带——这就发出了非常经典的打嗝儿的声音。
有时候，打嗝儿转瞬即逝，打一个以后就没事儿了；
但更多的时候它们是接踵而来的，
并且非常地富有节奏感——没错，大概每分钟 4 ~ 60 次的样子。

4~60 每分钟 PER MIN

那打嗝儿到底是为什么？
你的神经负责在你的大脑和身体之间传递信号，
但是在这个过程中，偶尔会产生信号中断的情形。
当你呼吸的时候，信号传递发生中断后，
那么之前非常自然的呼吸动作就被打乱了。
但是，信号在传递中究竟是如何被中断的，目前尚不清楚。

目前已知的，有很多因素可以引发打嗝儿，
但是，这些行为被认为和打嗝儿有更强的关联：
喝碳酸饮料、喝含酒精的饮料、
吃脂肪含量高的食物或者辛辣的食物等。

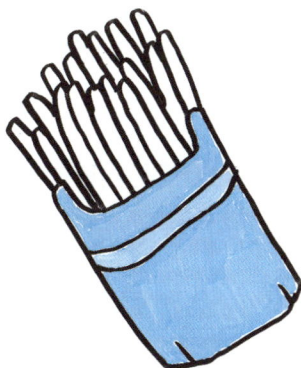

因为辛辣的食物和脂肪含量高的食物
可以刺激和扰乱胃和横膈膜中的神经，
并立即让人打嗝儿。

那么到底有没有灵丹妙药可以治疗打嗝儿？
只能说现在各种江湖妙方确实有很多，
但它们都没有经过科学研究和实验证明——
只有一种方法除外——
不过，嘿嘿。
这种方法可能不太招人待见。

怎么才能 治愈？

WHAT'S THE CURE?

研究人员在两个独立的研究实验中发现，对直肠进行按摩，可以在 30 秒钟之内终止打嗝儿。是的，没错。用一根手指在肛门周围轻轻地不停地按摩，刺激直肠神经，就管用。

因为这样的话，可以刺激一些和打嗝儿有关的神经，这样的按摩有时候可以让整个系统恢复正常。当然，在这两个独立的研究所记载的记录显示，研究对象都处于不断持续的打嗝儿过程中，而不仅仅是时不时发生一下的那种暂时性的打嗝儿。但这两个独立的研究实验都指向了这个解决方法，也说明这个方法并不是一种偶然。另外，还有一种未经确认的方法似乎可以有效解决打嗝儿——性高潮也可以刺激那些和打嗝儿有关的神经，从而使得人恢复正常；但……与此相比，是不是会更倾向于用按摩肛门、刺激直肠的方式？哈哈，你的身体，你做主！

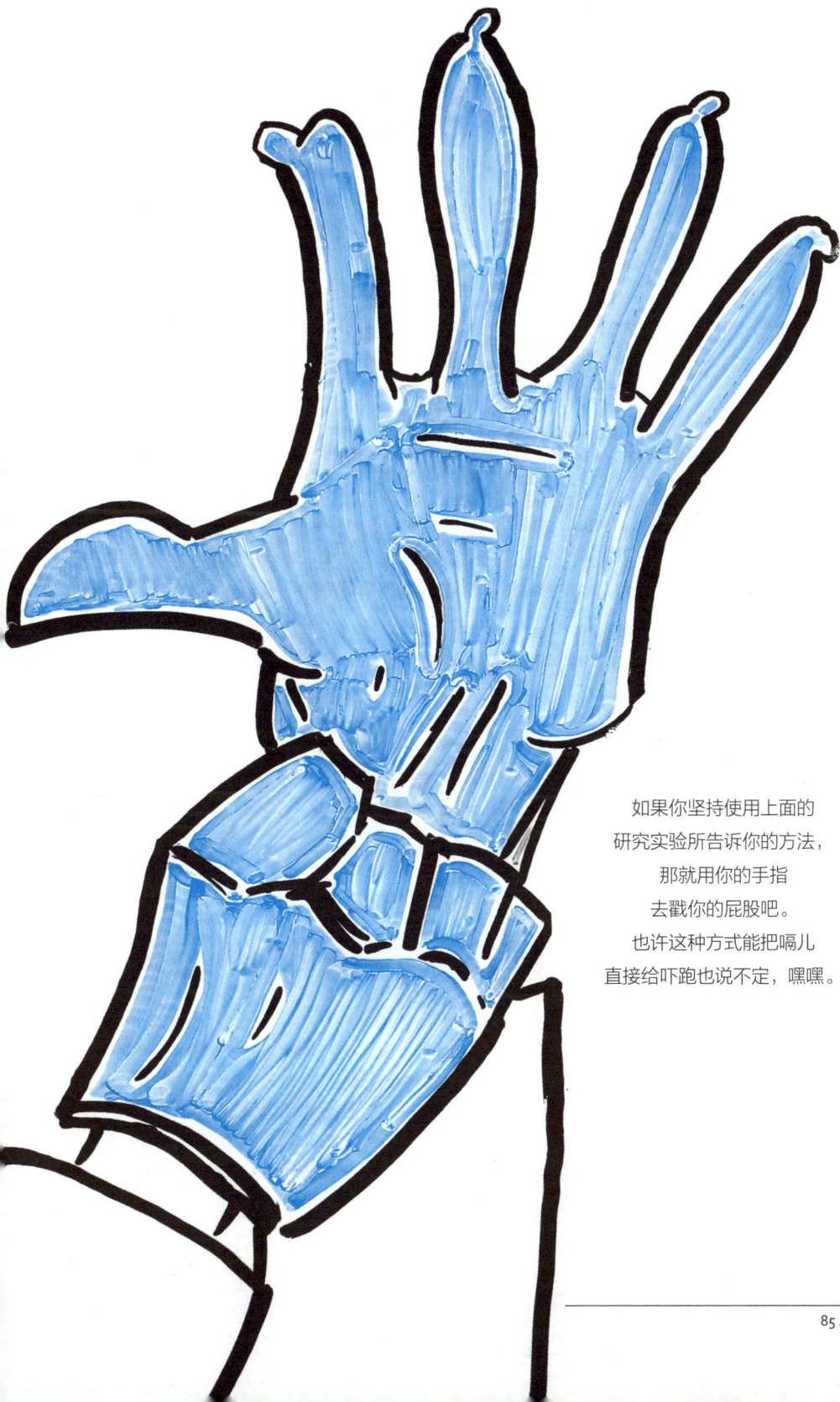

如果你坚持使用上面的
研究实验所告诉你的方法，
那就用你的手指
去戳你的屁股吧。
也许这种方式能把嗝儿
直接给吓跑也说不定，嘿嘿。

增肌的科学奥秘

THE SCIENTIFIC SECRET OF MUSCLE & STRENGTH

我们都为强健的肌肉和出色的力量而深深着迷，

我们总是想要变得更强，让自己感觉更好，

想让自己看上去像个肌肉超人，

而有许许多多的锻炼方案和技巧可以让我们如愿以偿。

但是，如果有人告诉你，

长肌肉这种事儿其实根本不是你能左右的，

完全是基因决定了这一切，你信吗？

那如果是这样的话，

到底有没有什么方法可以让我们拥有超人般强大的力量？

事实上，你的肌肉能长成什么样，是有一定限度的，
是被一种叫作"肌肉生长抑制蛋白"的蛋白质所严格控制，
这个东西能决定你的肌肉长成什么样子。

肌肉生长抑制蛋白

MYOSTATIN

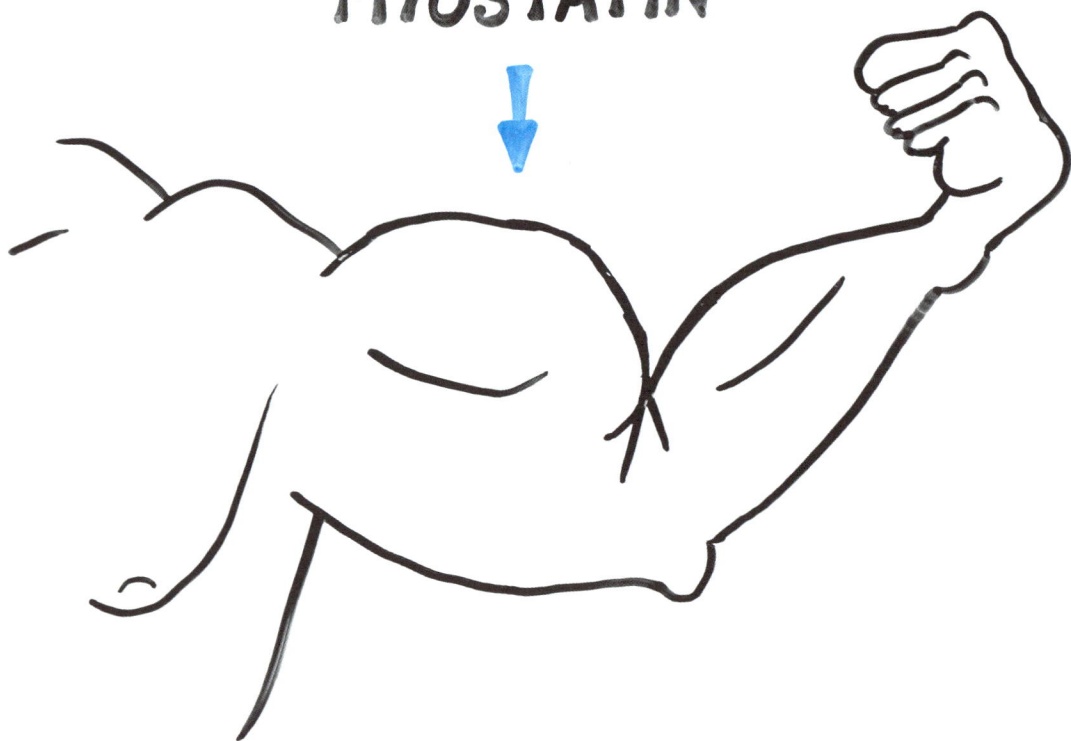

这种对肌肉的限制程度，是因人而异的，
因为每个人体内的肌肉生长抑制蛋白的数量不一样。
当肌肉增长已经达到了极限时，这种抑制蛋白会防止肌肉继续增长；
但如果这种抑制蛋白本身的量是有限的，或者根本没有了，
那么肌肉增长的极限就会消失，从而可以继续生长下去。

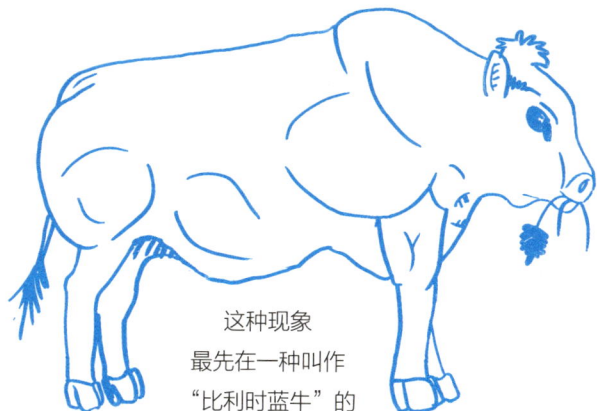

这种现象最先在一种叫作"比利时蓝牛"的牛中被发现。

比起那些普通奶牛来说，这种特殊的奶牛可以多生长出两到三倍质量的肌肉；后来经研究发现，这种奶牛的体内比普通奶牛少了一种叫作"GDF-8"的基因，而这种基因正是生成肌肉生长抑制蛋白所需要的基因。因此，即使是不对这些奶牛进行特殊喂养，它们也能生长出让人惊讶的肌肉来。还有一些类似的案例已经被发现并记录下来，包括狗、小白鼠以及一些人类婴儿，一旦它们的体内也缺乏 GDF-8 的话，也会发生同样的事。

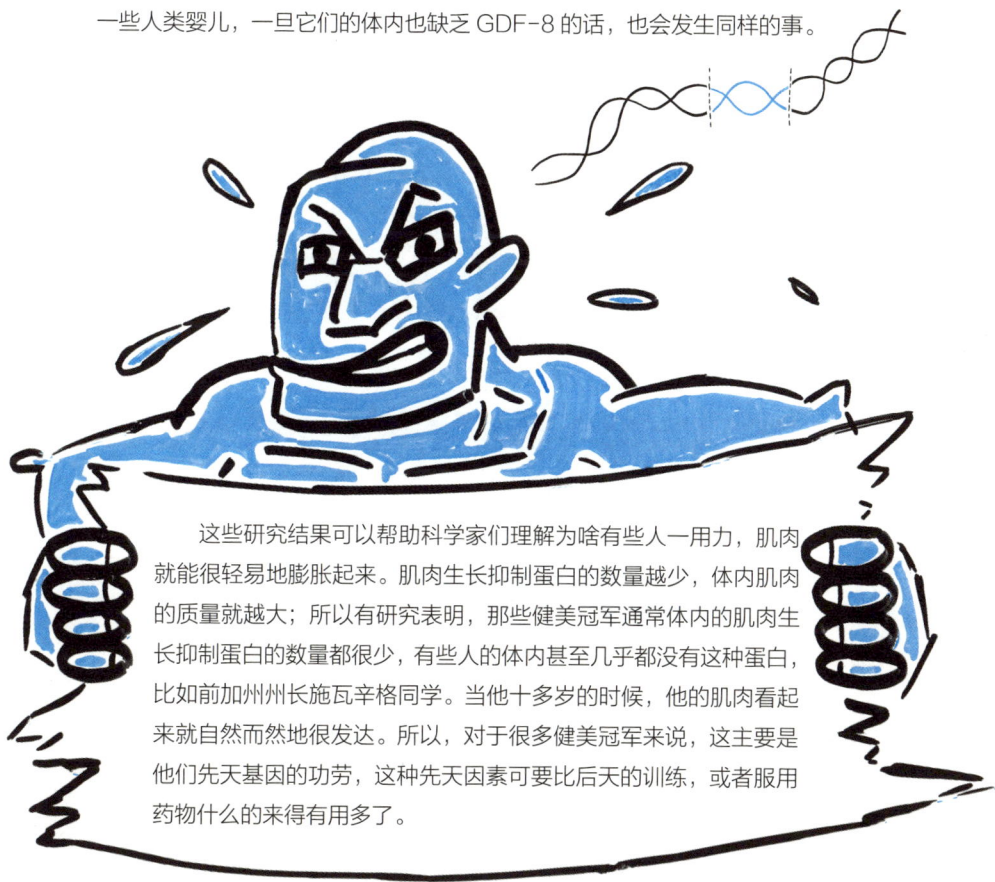

这些研究结果可以帮助科学家们理解为啥有些人一用力，肌肉就能很轻易地膨胀起来。肌肉生长抑制蛋白的数量越少，体内肌肉的质量就越大；所以有研究表明，那些健美冠军通常体内的肌肉生长抑制蛋白的数量都很少，有些人的体内甚至几乎都没有这种蛋白，比如前加州州长施瓦辛格同学。当他十多岁的时候，他的肌肉看起来就自然而然地很发达。所以，对于很多健美冠军来说，这主要是他们先天基因的功劳，这种先天因素可要比后天的训练，或者服用药物什么的来得有用多了。

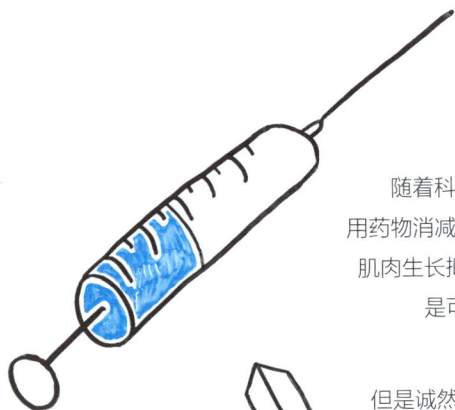

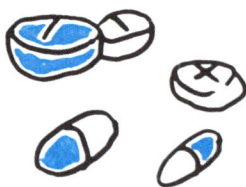

随着科学手段的发展，
用药物消减或者是清除掉体内的
肌肉生长抑制蛋白来实现增肌
是可以做到的，

但是诚然如所有的药物一样，
它们是一把"双刃剑"。

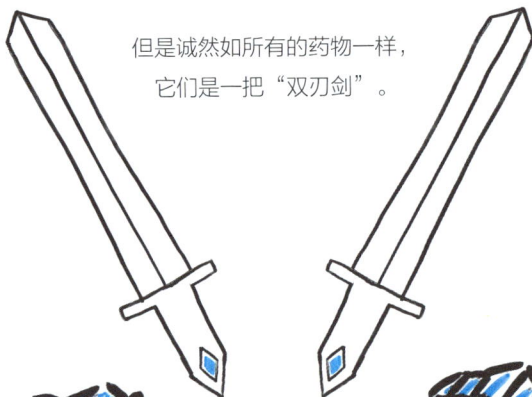

一方面，对于一些肌营养不良，或者是因为老龄化而引起的肌肉流失患者来说，
这种药物可以让肌肉重新生长并恢复至一定水平；
另一方面，当然会发生很多不可避免的滥用情形，
嗯，也许我们会在生活中见到真实的绿巨人……
听起来似乎酷酷的。

除此之外，我们能不能说那些天生体内的肌肉生长抑制蛋白的含量就很少的人，他们算不算是拥有不公平的先天优势？这很难说，争论喋喋不休。但无论如何，对于那些不断地来销售或者推广这种未经证实、没得到批文的增肌药物或者治疗手段的人，我们都已经厌倦了。

当一天结束时，你身体里的肌肉生长抑制蛋白水平的含量可能高，也可能低。但你需要记住的是，无论它处于何种水平，都是最适合你身体的功能和代谢效率的。你只需要加以适当的锻炼，把自己维持在健康水平，就一定可以达到属于你自己的巅峰。

别去想什么"超人"和"美国队长"了，那些一拳把敌人打飞的事儿，并不会发生在我们普通人身上。但我们可以通过努力和奋斗挑战自己的极限，这样也是很不错的。

好了，你现在想知道你有没有、有多少肌肉生长抑制蛋白吗？

只有一个办法。

别想了，快出门锻炼身体去！

为啥 **男人** 总是 **体毛旺盛？**

WHY ARE MEN SO HAIRY?

很多男人总是头发毛茸茸的，小腿也毛茸茸的，
腋下也毛茸茸的……整个人都是毛茸茸的！
虽然有些人总是试图把自己某些部位的体毛刮了，
但无论如何，男人总是要比女人有更多体毛。
为啥会有那么多的体毛？凭啥男人体毛总是比女人多？

来，
告诉你一件可能会让你吃惊的事儿：
其实人类身体上毛囊的数量，
应该和我们那些灵长类亲戚身上的
毛囊数量很接近。

但是，我们看上去却并没有像那
些猴子、猩猩一样长毛蔽体，是因为
我们的毛发都比较稀薄，没那么显眼。
在人类进化的漫漫长河中，人类的毛
发逐渐由浓密变得稀疏，这其实是一
种优势。因为据说我们的祖先在为了
寻找食物而到处奔波迁徙的过程中，
环境逐渐变得暖和，这时候浓密的毛
发就成了祖先们行动的负担。

要在闷热的地方待着，还要做更多的活动的话，

如果能进化出相对稀疏的毛发和更丰富的汗腺，这在生物学上是相当有利的。

因为这有助于热量更轻易地从身体内散发出去，从而将体温维持在正常水平；

但在头部却正好相反，我们的大脑需要头发的保护，使其免于受到强烈阳光的直射。

正如我们跟灵长类动物拥有同样多的毛囊一样，

男人和女人的毛囊数量也大致相同。

但是男性通常倾向于在头发和阴部这样的末端，

长出更多、更长、更厚的各种颜色的毛发；

当然，在胸部、背部、脚趾、耳朵里，

以及其他一些稀奇古怪的地方，也都有可能长毛。

但对于女人而言，更多的是长一些很细的汗毛，

这些汗毛通常都很薄，不怎么显眼。

为什么男人和女人有这么大差别？这也
是在进化过程中形成的。
雄性可能会受到性选择机制的
趋势而变得更加多毛。
通常，
动物在选择合适的异性伴侣的时候，
会考虑对方的健康状况、健壮程度，
以及一些可以体现
生育能力的外部特征；
比如雄性孔雀总是
用自己华丽的羽毛
来展示其健美的身体从而吸引雌性。

所以其实与孔雀的这种方式类似，
一个多毛的胸部，
也是一种表达健康和强壮的信号，
能够诱惑更多的雌性伴侣。
而另外一种理论同时指出，
男人往往更喜欢那些毛发比较少的女性，
因为这样看起来显得更加年轻有活力，
从而暗示其处于健康的生育年龄之中。

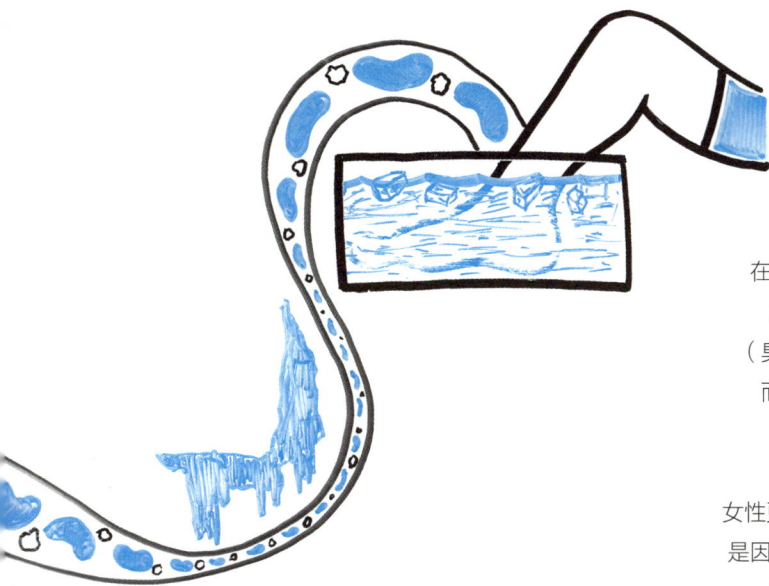

最近有研究发现，
在体毛旺盛的人的身上，
更不容易发现寄生虫
（臭虫、虱子等玩意儿），
而没什么体毛的人身上
反而要多一些。
由此可见，
女性更倾向于喜欢多毛的男人，
是因为潜意识里感知到这些人
相对来说更加健康，
是更干净的性伴侣。

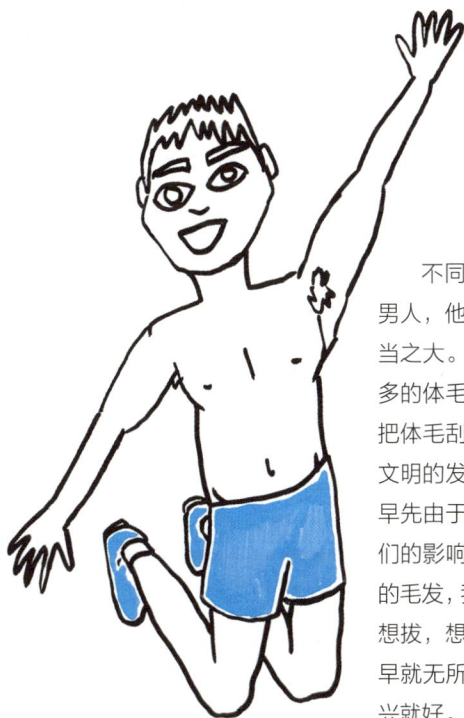

不同种族、不同基因的
男人，他们的体毛差别也相
当之大。有些人倾向于留更
多的体毛，有些人则倾向于
把体毛刮得一干二净。当代
文明的发展已经远远盖过了
早先由于进化等因素带给人
们的影响和压力，对于身上
的毛发，我们基本上是想刮、
想拔，想怎么样就怎么样，
早就无所谓了，只要自己高
兴就好。

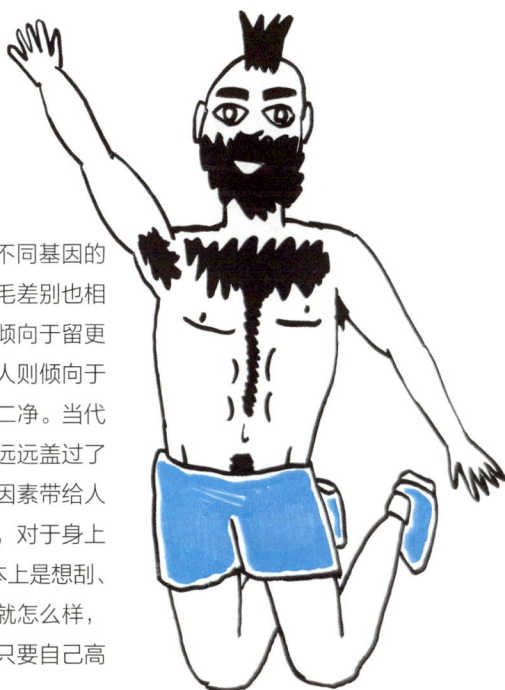

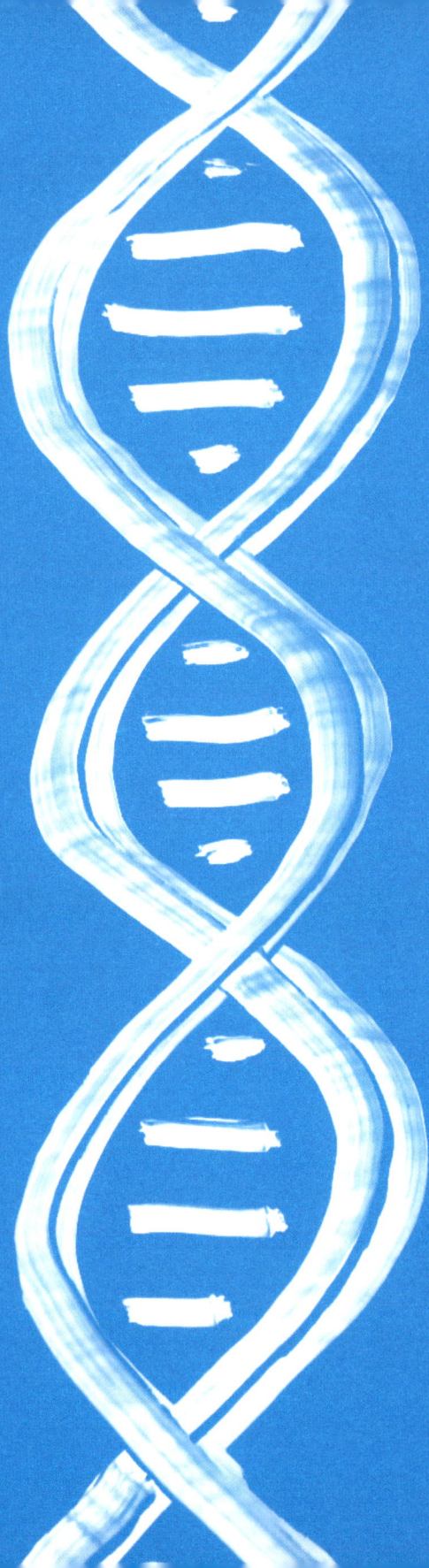

有关年龄的科学知识

THE SCIENCE OF AGING

我们听说过太多寻找神秘的"不老泉"的故事了。

为什么我们总是很在意老去这件事？

我们为什么一出生就会被打上"不断长大老去"的烙印？

我们的身体、身体里的细胞，

在我们变老这件事上都会起到什么样的作用和影响？

UV
紫外线

有非常多的因素
可以影响我们身体细胞的
损伤和修复，
这些因素有外部的，
也有内部的。
比如饮食、锻炼，
以及周遭环境对我们的影响，
等等。
这些因素，
同时也影响着我们
老去的速度。

人
固有一死
WE'RE PROGRAMMED TO DIE

但有一个让人吃惊的事实是，
除去上面提到的这些内部和外部的因素，
我们的基因中早就埋藏好了一个生物钟，
来计算我们的生命。
这个生物钟只能运行一段有限的时间，
也就是说，从我们一生下来，
其实就是在朝着一命呜呼的路上一路狂奔的——
嗯，人固有一死。

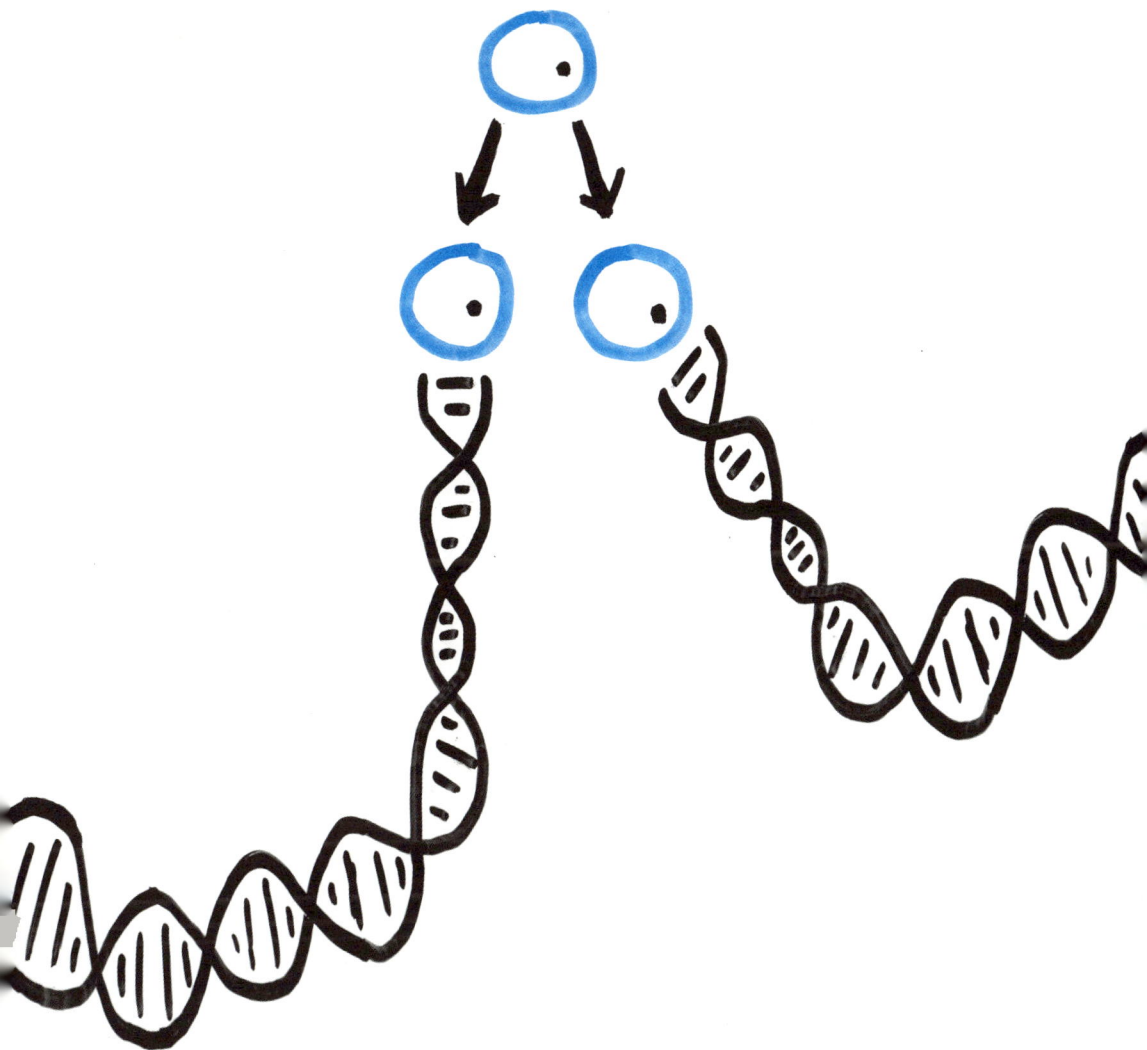

每个人的身体都是由亿万细胞所构成的，
这些细胞同时也在持续不断、昼夜不分地分裂。
每次这些细胞分裂时，
都会生成一份人体 DNA 的拷贝；
这些 DNA 被整合成一个完整的架构，
这个架构就被称为染色体。
人类的体内一共有 23 对染色体。

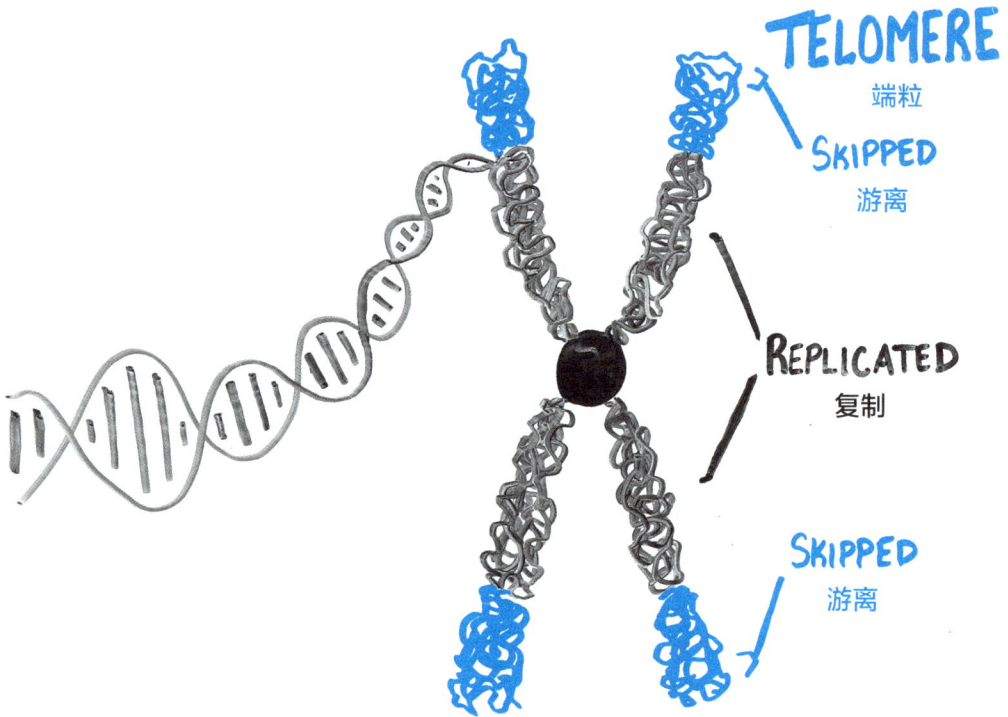

TELOMERE
端粒

SKIPPED
游离

REPLICATED
复制

SKIPPED
游离

CHROMOSOME 染色体

但问题是，DNA 的复制过程并不完美，
并且在复制的时候，往往会搞丢一个染色体的末端。
为了保护 DNA 中含有的重要信息在复制的时候不被丢掉，
在每个染色体的两端，都有一种叫作"端粒"的东西。
这些端粒中包含的都是一些重复的无意义的遗传信息，
这些东西丢了也没什么大碍。

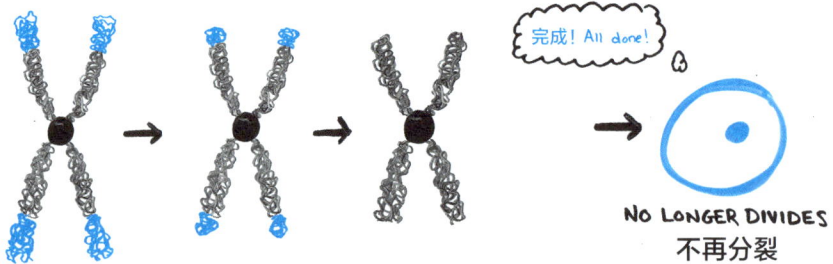

完成！All done!

NO LONGER DIVIDES
不再分裂

每次细胞分裂的时候，端粒都会被丢掉一点儿，
直到后面端粒都被丢光了，这时候细胞就不再分裂了。

有些生物——比如一种叫作"扁形虫"的玩意儿，它可以无休止地让端粒重新长出来，所以从道理上来说，它们的生命其实是——永垂不朽的。但真实情况，它们的寿命也并不是能有多长，它们也会遇到各种疾病。所以说，老去这件事其实和很多复杂、混合的因素相关，包括基因，也包括外部环境的影响等。

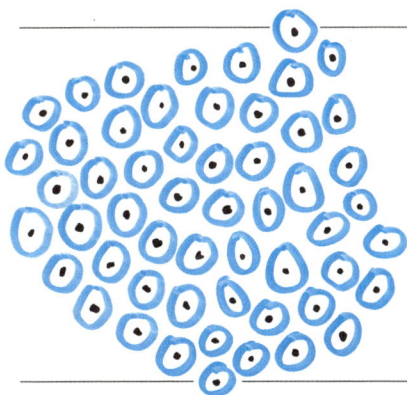

为什么我们的细胞能一直分裂到不能分裂为止？为什么不能一直地分裂下去？其实这种复制过程，也是防止癌症的一种手段；因为癌症其实就是癌细胞持续不断不可控地生长，躲过死亡的过程。

当细胞停止分裂的时候，就称之为细胞衰老。对于正常人类而言，一个细胞大概复制 50 次，才会衰老。

人类
细胞衰老

CELLULAR
SENESCENCE
HUMANS
≈ 50

为什么我的端粒这么短？

你遗传自你父亲！

一旦细胞衰老时，它会逐渐丧失功能，并且慢慢死亡，也就导致了和年龄相关的一些特征的出现。这同样可以用来解释为什么寿命有多长往往都来自父母的遗传——因为其实他们直接把端粒的长度都遗传给你啦。

有关 "冰激凌头疼" 的科学知识

THE SCIENCE OF BRAIN FREEZE

吃冰激凌是不是很爽？

一口咬下去，那沁人心脾的感觉是不是让你爽翻天？

但有时候你一口咬下去，

大脑就突然疼得像被冻住了一样——

哈哈，这种感觉是不是超级糟糕、超级逊？

这到底发生了什么？这是否能告诉我们一些大脑工作的原理？

一般情况下，
当那些冰凉的东西接触到
你嘴巴的上部时，
这种冰冻式的疼痛
会持续 20 秒左右的时间。
这其实类似于
当你身处非常寒冷的环境中时，
毛细血管收缩的行为。
这是为了尽可能地
保存身体中的热量。

有很多的毛细血管位于人的四肢之中，当它们收缩时，
就会把热量和血液尽可能地保留在身体的核心部分之中，
而这些核心部分也是人体的重要器官所在之处。

有没有试过，在屋外受冻之后
立即回到房间里用电脑打字或者玩
游戏之类的？通常在这种情况下人
会感觉到一种无法活动的僵冷，这是
因为你的手指需要花一点儿时间来
适应温暖的环境，在寒冷的情况下，
它们已经降低了血液流动的速度。

所以，吃冰激凌的时候，
嘴巴里面发生的事儿也是一样的道理，
也是毛细血管的原因。

**Capillaries
Constrict**
毛细血管收缩

但是，产生的疼痛感并不是由毛细血管收缩所引起的。
恰恰相反——这是由于更多的血液涌向你的大脑而造成的，
这是为了要让大脑保持热量和温度。这很重要。

大脑位于头骨的颅腔之中，
当血液涌上来的时候，会增加颅腔的压力，
这就是疼痛产生的由来。
大脑是人类身体中最重要的器官，
有一套专门的机制，
通过迅速的动脉扩张和收缩来对身体进行保护。
所以，当遇到极端寒冷
（无论是外部还是内部）的情形时，
都会立即产生反应。

Brain Swells
脑肿胀

一旦这些寒冷的物质消除，
毛细血管又会立即迅速地扩张，
这甚至可以引起更大的痛苦。

**Skull
Causes
Pressure**
颅骨引起的压力

HEADACHE!
头疼！

感知疼痛的神经位于你的前额，
这些神经在嘴巴的上部分布了接收器。
当接收器感知到了寒冷和毛细血管的收缩后，
就会向大脑发出痛觉信号。
这就是额头常常比较痛的原因。

科学家们对这种冰冻式疼痛做了大量的研究，
试图了解更多关于常规性头痛的生理学知识。
遗憾的是，
目前并没有发现什么别的更确定的
诱发头痛或者偏头痛的原因。
所以目前的科学实验，
仍然是通过给志愿者们发放冷饮，
以诱发冰冻式疼痛来进行头痛研究的。

通过研究冰冻式头痛，
科学家们发现了如何通过特定的控制血管收缩或扩张的药物来控制头痛和偏头痛。

当下一次你吃冰激凌时再碰上这恼人的冰冻式疼痛时，
你就想，这是你的大脑在保护你呢。
也许你会考虑要不要同时也一起吃点儿青菜什么的，作为深深的报答。

HYPOTH

ETICALS

有趣的猜想

会上演 现实版的 生化危机 吗？

COULD A ZOMBIE APOCALYPSE HAPPEN?

历史总是充满了各种"魔鬼"和其他歪瓜裂枣的生物，
它们总是给我们的世界带来毁灭性的破坏。
那么对于僵尸这件事来说，有什么可以谈论的科学知识吗？
这些凶神恶煞的怪物，和科学有什么关联吗？会是真实发生的吗？我们会不会
在现实世界里上演一场僵尸世界大战？

首先要看看我们讨论的究竟是什么样的僵尸。

我们难道是在谈论死而复生的那些人吗？并非如此。

我们谈论的是受到了病毒感染的那种充满戾气和愤怒的，

非要不断地吃人肉的那种"人"吗？

好像是没错，这种定义比较接近。

前提是我们真的能发现一种病毒，

这种病毒只对大脑中的部分区域产生作用，

而又完全不会影响其他区域。

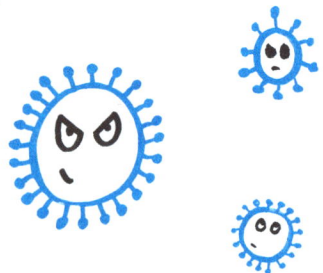

病毒可以轻易地进入人体，进入以后，

影响身体细胞的方式也有很多。

但是，这时候我们关注的焦点主要集中在神经元上。

神经元是身体内部最长的一种细胞，

它们在整个身体内运输分子和蛋白质。

许多病毒，比如狂犬病病毒，
是采用一种叫作"逆行轴突运输"的方式，
从它最初进入的切入点开始传输到它想去的地方。
从被咬的那一刻起，狂犬病病毒进入身体，
慢慢地通过这种方式进入大脑或者是中枢神经系统。

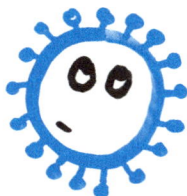

与大脑的物理距离越远，病毒传输的速度越慢，
有的时候甚至得花上好几年时间。
但是当病毒进入那一刻起，通常情况下就为时已晚了。
许多病毒都是采用这样的传输方式，
它们的区别仅仅在于依靠的神经元不同。
因此，僵尸病毒如果也依靠同样的方式进行传输，
它们也需要使用特定的神经元，
将病毒传送到大脑的特定部位诱发疾病，
但又不能损坏整个大脑。听起来，这可能吗？

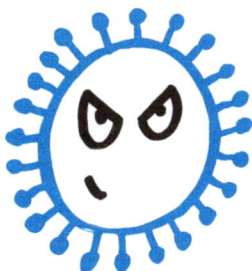

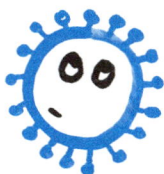

鼻子里的嗅觉神经——用来感知气味的神经，
它恰好可以只影响大脑中的部分区域，
僵尸病毒会不会就用这种神经来仅仅影响大脑中的部分区域？

具体来说可以影响这些区域：
腹内侧下丘脑，
这个部分通常告诉你——
你已经吃饱了；
杏仁核，负责控制情感和记忆；
额叶皮质，负责解决问题和做长远规划，
以及负责道德感和抑制冲动行为。

这样说来，
其实病毒可以通过嗅觉神经让人感到超级饥饿，
具有侵略性和攻击性。
脑死亡的生物也完全无法感知亲人、朋友这样的概念，
更无法控制它们的行为，
它们只想把自己养活，
没错，这听上去简直就像是一个僵尸嘛！

所以，一个腐烂的僵尸，
或者说一个无敌的僵尸，
是不可能存在的。
采用正确的神经元进行传导的话，
的确可以造出具有"僵尸"特征的生物来，
但……
真的无法弄成电视里你看见的那个样子。

你准备好了吗?
WILL YOU BE READY?

死宅在家 到底 可不可行？

WHAT IF YOU STOPPED GOING OUTSIDE?

坦白地说，我们很多人挺宅的，成天成天地宅在屋里。
我们宅在屋里工作、聚会、狂欢、看电视剧……
真的，我们现在都很少去外面待着了。
但要是我们完全不出门呢，
到底行不行？会发生什么？

从离我们约 1.5 亿千米远的地方，
光从太阳散发出来，
穿过我们的大气层，
直接在我们的皮肤上着陆。
感觉很爽对不对？没错！
就是因为有阳光的存在，
我们才能维持生命。
因为这会让我们体内产生
一种叫作"阳光维生素"的东西，
也就是维生素 D。

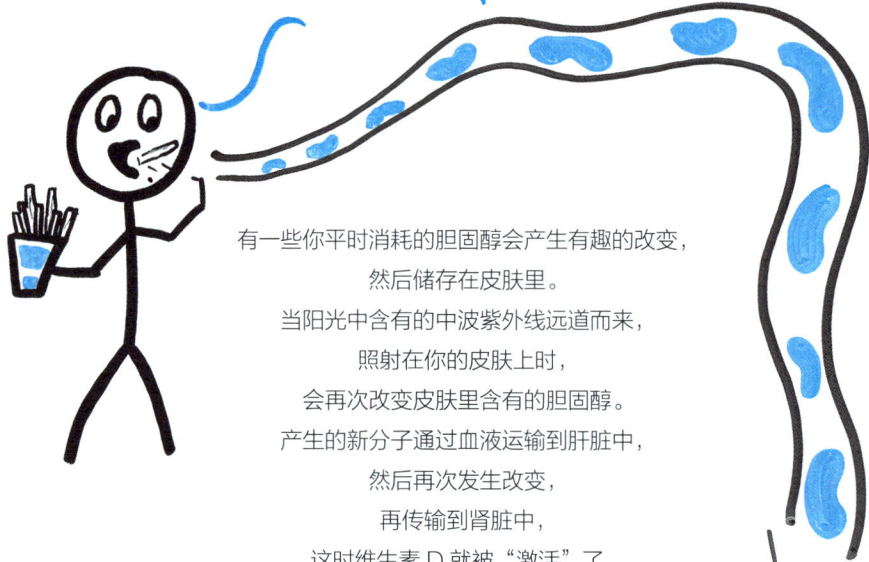

有一些你平时消耗的胆固醇会产生有趣的改变，
然后储存在皮肤里。
当阳光中含有的中波紫外线远道而来，
照射在你的皮肤上时，
会再次改变皮肤里含有的胆固醇。
产生的新分子通过血液运输到肝脏中，
然后再次发生改变，
再传输到肾脏中，
这时维生素 D 就被"激活"了。

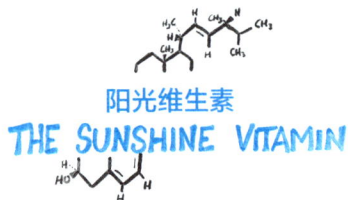

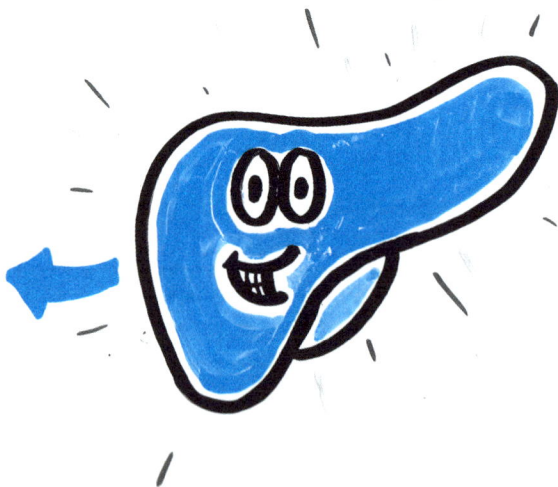

阳光维生素
THE SUNSHINE VITAMIN

这种被激活的维生素 D
可以帮助我们吸收食物中的钙，
而这样可以促进骨骼生长，并使其强健有力。

所以从某种程度上说，
你的皮肤"吃掉"了阳光，
然后才生长出了骨头，
是不是和吸收阳光释放氧气的
植物有非常大的区别？

如果体内缺乏维生素 D，
你不仅会遭受由于矿化度下降
所导致的骨质疏松症等疾病，
你的免疫功能也会随之降低。
此外，还有证据表明维生素 D
对预防癌症、心脏病和抑郁症
都有功效。
这可以解释，
为何在寒冷的气候中，
人们受到的日照时间较少，
就很容易患上冬季抑郁症。

享受阳光照射，
获取维生素 D 当然不是
我们需要去户外活动的唯一原因。
许多研究表明，
与大自然的充分接触
会对人的精神和身体都产生积极的作用。
在使用复杂的脑成像技术进行实验观测时，
研究人员发现，当人们注视着自然风光时，
大脑中与情绪稳定、同情心和爱相关的
那些情感区域往往会
产生更多、更加积极的活动。

而相反，
在观看那些人造的环境景物时，
大脑中与压力和恐惧相关的情感区域
表现得会更加活跃一些。

当你在室内待着的时候，
你通常是坐着的，对吧？
承认吧，我们知道你在干什么，
你在发呆，在看这本书，
在逛微博、聊微信、看视频。

这些活动看似无害，但是已经有研究表明久坐会影响身体健康，
比如会增加患上 2 型糖尿病和心血管疾病的风险。
而通过与超过两百万人的一个研究已经论证，
久坐和死亡风险增高也有较强的关联——
也就是说你坐得越久，越有可能过早挂掉……
而且可怕的是，这种风险和你是否运动没什么关系。

RIP
安息

RIP
安息

RIP
安息

看完这本书和你最爱的网络视频之后
就快站起来吧，
快出去活动一会儿。
祝你寿比南山哦。

SENSORY

PERCEPTION

感觉与知觉

为什么会
手脚发麻？

WHY DO WE GET PINS AND NEEDLES?

当你双腿交叉着看网络视频看得天荒地老之后，

当你头枕着胳膊睡觉睡得昏天黑地之后，

是不是往往能感觉到肢体发麻？

发麻也是身体的那个部位"入睡"的意思。

在发麻的那一刻，

真让人难受啊，

一旦情况有所缓解，我们却通常又是好了伤疤忘了疼。

这到底是怎么一回事？

怎么就引发这么强烈的刺激性感觉了呢？

人体的神经系统由大脑、
脊髓和神经组成。
大脑和脊髓包含了中枢神经系统。
中枢神经系统是身体的控制中心，
掌管一切自动发生的自觉行为，
比如呼吸。

　　大脑和脊髓由无数复杂
的神经束构成，这些神经束就像身
体中传输信息的高速公路一样。其余的神
经系统则由神经组成，它们把四肢和大脑脊髓
联结起来。当你移动你的小拇指或者小脚趾时，分布
在其中的神经元就会把信息传输给身体的其他部位。如
果说大脑和脊髓中的神经束是高速公路的话，这些分布
在身体各处的神经，就是一些小的公路，与高速公路相连。

神经是由无数的叫作"神经元"的细胞组成的，神经元通过电化学信号在身体里传输信息。每一个神经元都对应着专门类型的刺激，在受到这种刺激之后，便单向地把这种刺激用脉冲的方式传递出去。比如你喝了一口烫嘴的咖啡后，专门感知热度的受体感知到了温度迅速升高之后，神经元就会马上向大脑发出一个信号，大脑在对这种信号进行处理之后，再将另一个信号发出并传送给嘴部肌肉，让你赶紧把这口烫嘴的咖啡吐出去。这样的一个反应系统，是为了保护我们的身体安全。

但当你的身体的一部分"睡着了"之后，

这意味着在你体内的神经网

构成的道路上发生了堵车；

因为当你交叉双腿，

或者是将头枕在胳膊上时，

这种姿势可以阻断神经周围的血液循环。

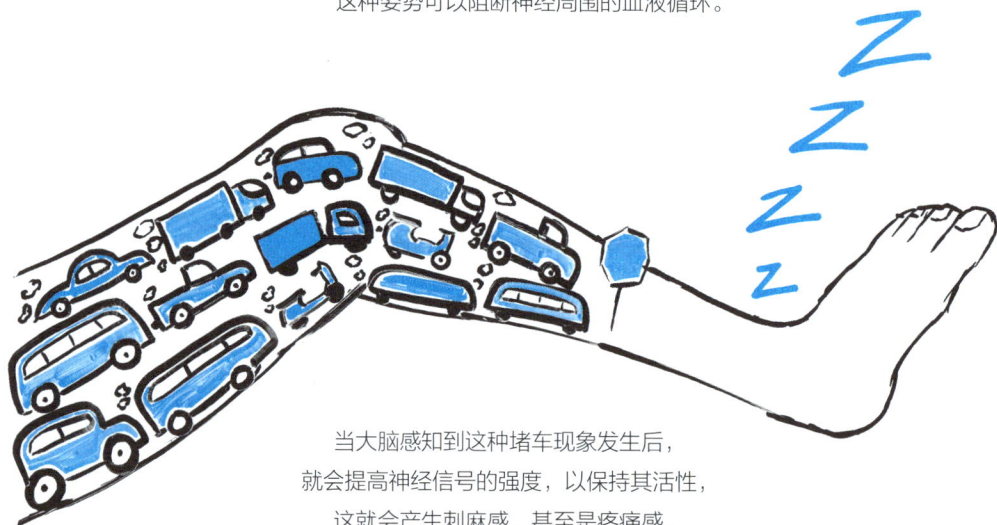

当大脑感知到这种堵车现象发生后，

就会提高神经信号的强度，以保持其活性，

这就会产生刺麻感，甚至是疼痛感。

当压力缓解，血液循环畅通之后，这种刺麻感就会得到缓解。

这种感觉与有时突然碰到人的"麻筋"的效果是一样的，

所谓的"麻筋"也就是尺神经，

有时候当碰到肘部后，会产生一种突然的麻痛感，

就是因为尺神经直接被"击中"了。

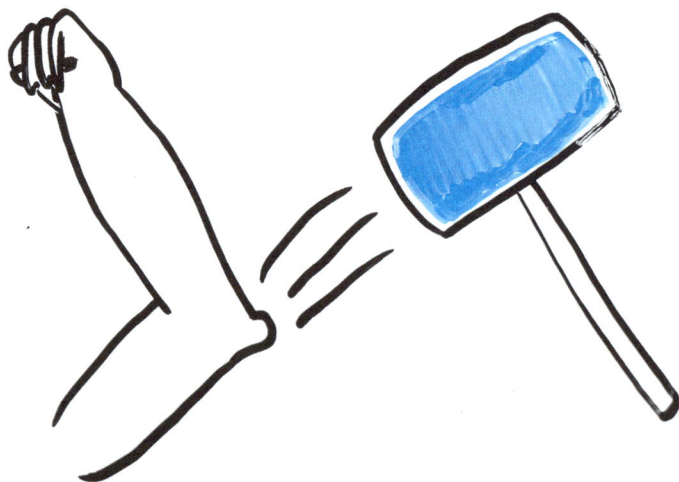

如果你常常发生手脚发麻的情形，
则可能存在一些神经方面的问题，
也可能是其他的一些更严重的问题，
暂时由神经元损坏的形式表现出来。

时不时发生的手脚发麻，
只是一种自然的反应而已，
身体通过这种方式产生一种
类似于预警的行为，
告诉你有些地方发生了错误。
当你感觉到发麻的时候，
赶快行动起来吧，
改变你的姿势，
让神经们恢复元气！

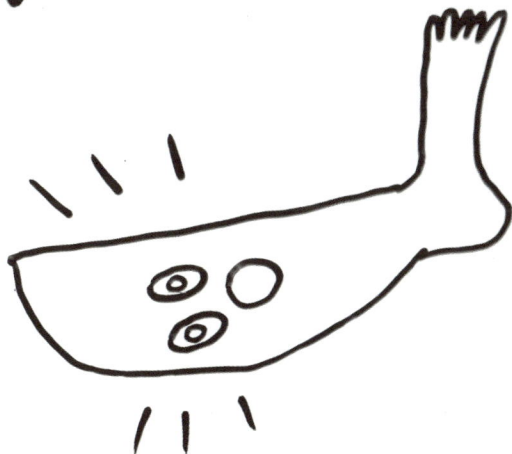

我们为什么会感觉到痒痒？

WHY DO WE ITCH?

我们太喜欢挠痒痒了。

虫子咬了，伤口结痂，长了皮疹，甚至是一些灰尘，

都能让我们的皮肤发痒，然后产生无穷无尽的挠痒痒的欲望。

但是，像抑郁症或者是强迫性神经官能症这样的病症

也能让我们产生同样的感觉。

使劲挠、使劲抠、使劲刮我们的皮肤总是一件怪怪的事儿。

为什么会这样？我们为什么会痒痒？

人类的身体平均覆盖了有 18 ~ 22 平方英尺的皮肤。

曾经我们以为皮肤
仅仅是身体与外界之间的一个屏障而已;
现在我们知道皮肤还可以调节人体的温度,
可以保暖,也可以给身体降温,
还可以在受到阳光照射后产生维生素 D,
甚至可以当成一个触摸大脑的"继电器"。

如果有什么东西引起了疼痛，
信号就会从大脑发出，
大脑会命令肢体行动，
远离引起痛感的物体。
而痒痒时——也是一样的，
信号会从大脑发出，
让你去抓和挠发痒的地方。

这两种反应机制都是在保护你，
前者是为了让我们避免疼痛，
后者则是为了让我们用物理的手段——
挠和抓，
去消除外部产生的刺激性。

瘙痒实际上是一种皮肤上
产生的"轻微的疼痛"，
只不过长期以来，我们将这种感觉表述为"痒"。
同时，我们的大脑好像对这种微弱的疼痛感
也有不同的意见，
大脑也不认为这就是疼痛。
但现代科学仿佛对这种看法提出了挑战。

MrgprA3

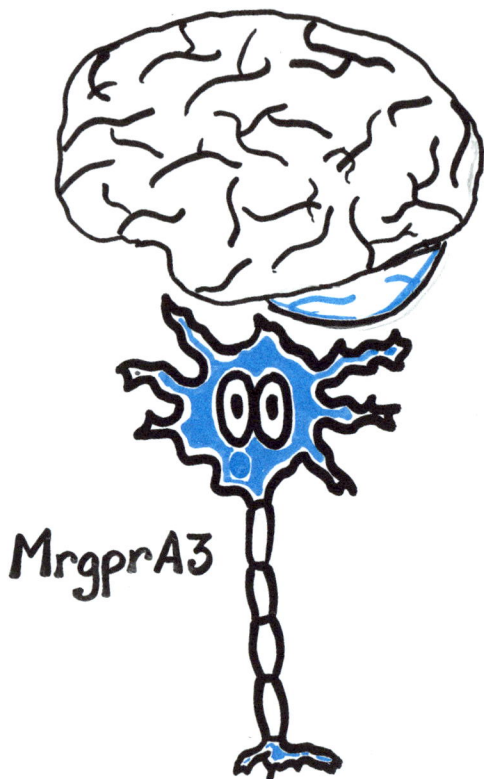

科学家们已经发现，
有一种特殊的叫作"MrgprA3"的神经元
是专门负责检测"痒"的感觉的。

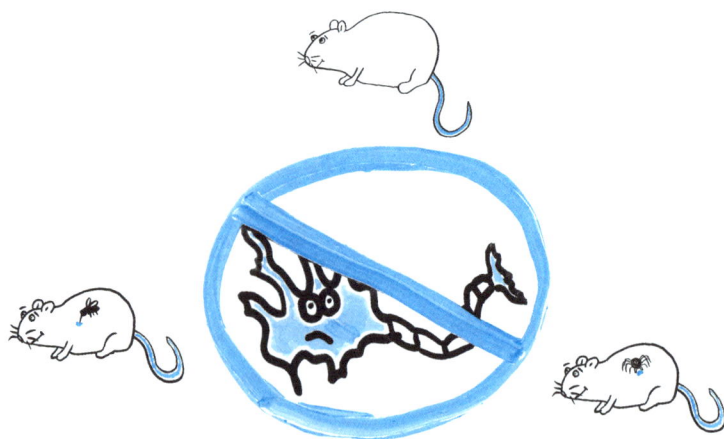

我们在受试的小白鼠体内将这种神经元去除后，
再让小白鼠们接触在通常情况下可以引发瘙痒的物质后，
它们再也不会有挠痒痒的行为了。

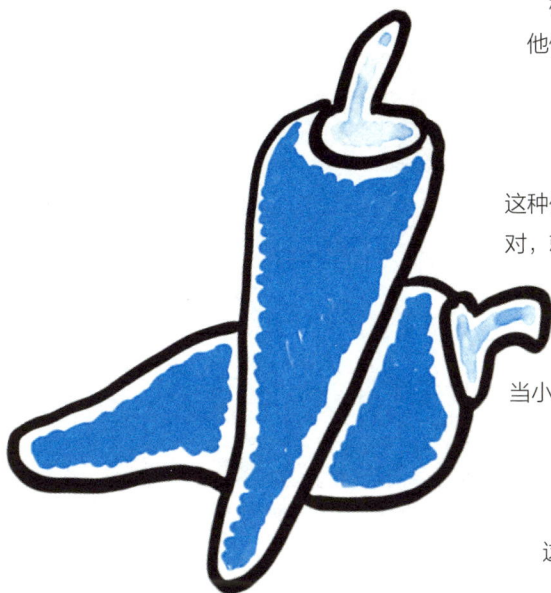

为了验证这样的实验结果，
科学家们设计了一个特别的实验。
他们用一种叫作"辣椒素"的化学物质
去刺激这神经元。
辣椒素，就是我们平时接触到的
辣椒中含有的一种化学物质，
这种化学物质可以让你感觉嘴巴在发烧——
对，就是被辣到了那种有点儿疼痛的感觉。

当小白鼠们体内含有MrgprA3这种神经元时，
如果用辣椒素去刺激它们，
它们会不断地使劲地挠痒痒，
而并不显得是在痛苦中挣扎。
这个实验可以帮助我们确认一件事情：
有些神经元是感知疼痛的，
有些则是产生瘙痒的，
这两种神经元不是一回事儿。

这种对于特定的感知
痒痒的神经元的发现，
让我们在发展对付皮肤病，
诸如昆虫叮咬以及植物刺激的
治疗手段上，
有了很大的进步。

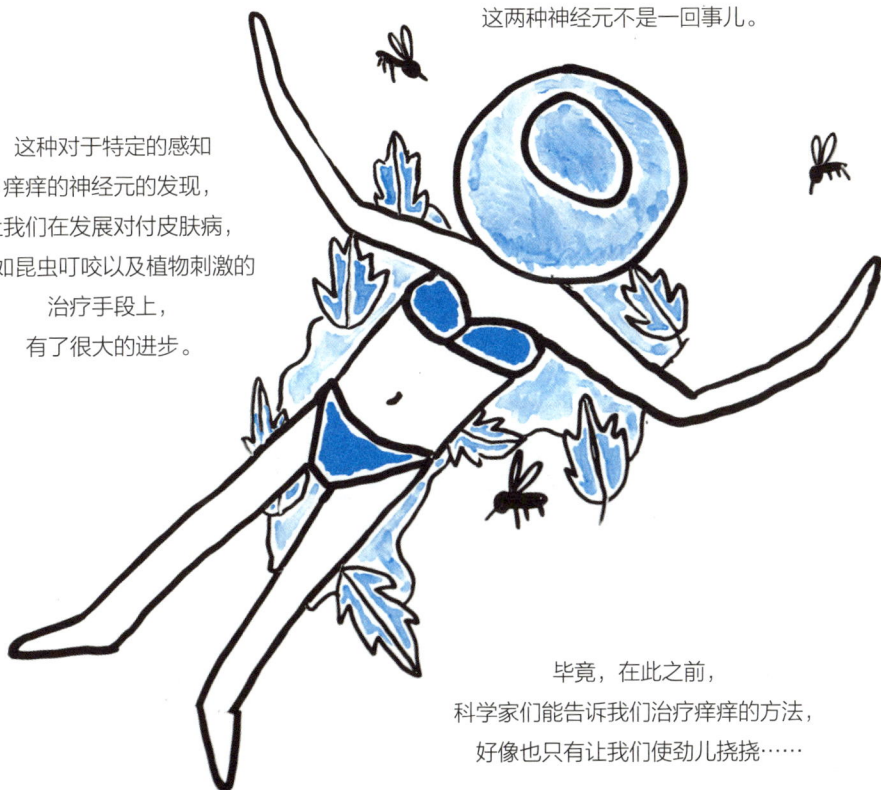

毕竟，在此之前，
科学家们能告诉我们治疗痒痒的方法，
好像也只有让我们使劲儿挠挠……

关于自拍的科学：
我们为什么对照片上的自己总是看不顺眼？

SELFIE SCIENCE: WHY DO WE HATE PHOTOS OF OURSELVES?

这是一个隆重的夜晚，你要去参加一场美妙的盛宴。

临近出发时你没忘记照照镜子，看看镜子里的自己有多美，

哈哈，真是不能更美了！

看着或帅气或美艳的自己，简直自信心爆棚。

昂首挺胸地走出门，心里盘算着今晚一定要疯狂地照自拍照，

拍它几百张！但是照片出来以后……

这是啥？为啥看上去这么不上相？这是为什么？

这是谁？怎么和镜子里的自己完全不一样……

问题来了，为什么有这么多人觉得自己的自拍照并不上相，

但是在照镜子的时候，又完全不会觉得自己有什么问题？

单因接触效应
MERE EXPOSURE EFFECT

这种现象和好几个因素有关系。
但是，与曝光的关系可能是最大的。
简单地说，首先，
我们都有一种喜欢熟悉的事物的倾向。

在我们反复接触一个东西后，比起那些接触得较少的东西，
我们会在心理上更喜欢这个接触得比较多的；
听起来可能有点儿疯狂，但其实对于很多东西我们都是这样的，
包括绘画啦，声音啦，图片啦，甚至是简单的几何图形。

你看起来
很眼熟！

而且这种现象可不只人类才有，
很多其他的生物也有，
比如猴子、鸡。
很多生物都被观察到
有这种喜欢熟悉事物的倾向。
越是反复去刺激，用情就越深……
越是虐千百遍，越是待如初恋……

恰好，
平日里你见到你自己次数最多的情形，
就是照镜子的时候，
看到的镜子里的那个你。
每次你照镜子，
都能看到那个经过左右反转的你。
如果镜子里实际上真的有个人，
那么你一甩头，
他的头会甩向另一个方向；
你举起右手的话，他会举起左手；
你的右脸颊有一个讨厌的青春痘，
他的左脸上也有一个。

但是，照片里的你，
可不是反射出来的你；
照片里的你，是别人每天看到的你。
而对于这个形象，你的大脑并不是很熟悉，
所以其实你的大脑对于这个照片里的你，
并不是很感兴趣。

针对这一现象做过很多研究。
参与研究的人在不知道哪个是自己的镜像，
哪个是真实的自己的前提下，
更倾向于喜欢自己的镜像；
而他们的朋友们的喜好则恰恰相反。
所以，当你身边的亲朋好友突然
看到你的镜像形象时，
他们可能会有稍微的不适应。

而且，站在镜子前面的时候，你可以调整你的位置、你的头发、你的笑容；
但照相的时候，相机处于不同的角度，总是能捕捉到你在镜像中看不到的一些东西，
所以镜像看起来总是比照片要完美一些。但是你得明白，这有啥好担心的？
在别人眼中，照片里的你可比镜子里的你好看多了！

关了灯以后，光到底跑哪儿去了？

WHERE DOES ALL THE LIGHT GO WHEN YOU TURN OFF THE LIGHTS?

看上去好像挺轻松的：你一按开关，嗖的一下，灯就灭了，
房间马上就陷入无穷无尽的黑暗之中。
但，之前的那些光，它们都跑哪儿去了？
一秒钟之前它们还充满了这个房间，
怎么一瞬间就变得黑咕隆咚的了？

根据伟大的科学牛人们发现的伟大的科学定律——
质量与能量守恒定律，光不可能就这么凭空消失掉，
事实上，也没有什么东西能凭空消失。
相反，它们只可能是改变了存在的形式，
或者是组成、颜色，或者其他的什么特征，
总之，它们就是变成了别的东西。
那么，对于光来说呢？

光是能量存在的
一种形式，光中包含了
微小的粒子，称为"光子"。
当你点燃一个灯泡时，灯丝被
电流加热到一个特定的温度，
到了这个温度之后，灯丝就发
散出光子。

光子们朝着房间里不同的方向发散出去，
速度极其快——具体点儿来说，
就是光速嘛，也就是每秒钟 186 000 英里。

另外，房间是有墙壁的，还有别的东西，这些东西从微观上来看都是由原子构成的。比如对于一面大理石来说，就是一个一个的原子挨个排起来的。那么当光子撞击到这些原子上面的时候，就发生了能量传递。

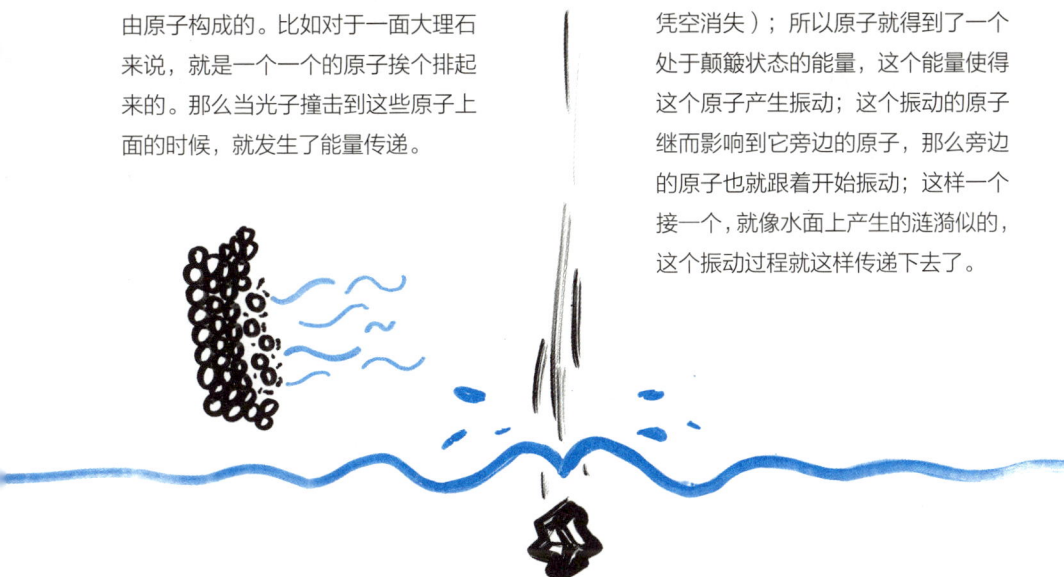

而对于这个能量来说，它的量又是守恒的（如前所述，没什么东西能凭空消失）；所以原子就得到了一个处于颠簸状态的能量，这个能量使得这个原子产生振动；这个振动的原子继而影响到它旁边的原子，那么旁边的原子也就跟着开始振动；这样一个接一个，就像水面上产生的涟漪似的，这个振动过程就这样传递下去了。

这就好像是把一块石头丢到一池子水中，能量从岩石扩散到水中的原子，然后不断地产生涟漪，影响更多的水分子。回到房间中来，这样的过程可以非常轻微地升高墙壁的温度；就像太阳能把东西烤热一样，当你的手靠近灯泡的时候，是可以感觉到热乎乎的。所以当开灯的时候，光子撞击房间的四壁，房间将光子的能量吸收，并转化成了热能。

这些和黑暗有什么关系呢？
当你把灯关掉的时候，
剩下的光子继续撞击墙壁和其他东西，
能量继续转化为热能；
而光的速度快得让人难以置信，
这一切就发生在一瞬间，就这么简单。

灯关了。一切都黑了。

只剩下你，在这充满了恐惧和混乱的黑暗中，
继续生活下去。

为什么当我们年龄越大，觉得时间过得越快？

WHY DOES TIME FEEL FASTER AS WE AGE?

我们都在不断地长大，不断地变老。

但是有没有一种感觉，跟我们还年轻的时候比，

现在总是感觉时间过得很快，而且越来越快？

小时候觉得暑假简直无比漫长，漫长得好像没有尽头；

而我们过生日的频率好像是越来越高……

几年前过的生日，回想起来就跟在昨天似的。

为什么我们对于时间的感知会有这么巨大的差别？

对于这件事而言，我们可以做点儿什么呢？

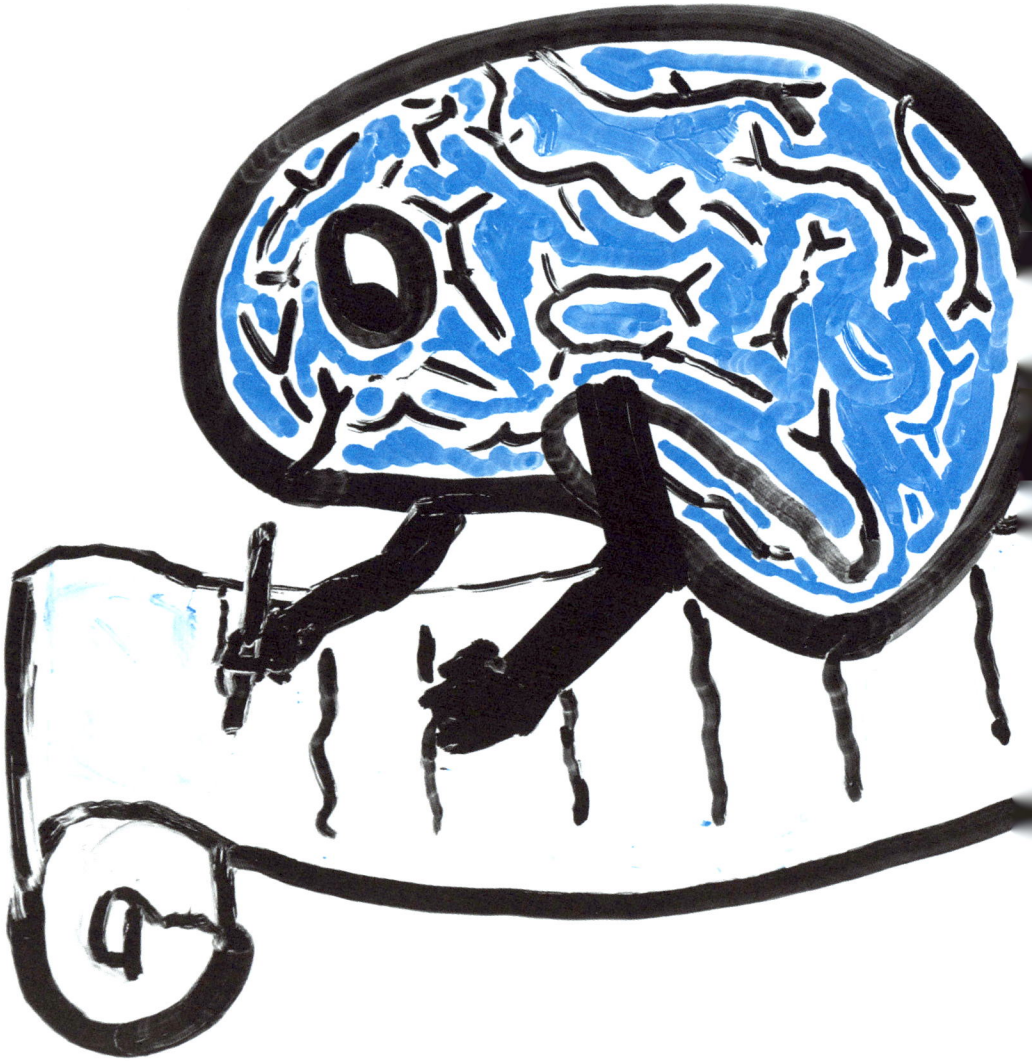

从神经学的角度来看，
每当我们遇到一个新的东西的时候，
大脑都试图记录下来尽可能多的信息。

在这个记录的过程中，有数以千计的神经元受到刺激，以便于把这些信息编码并存储下来，所以对于新事物，你总是能感觉更强烈，了解到更多的东西；随着时间慢慢地推移，这些新的东西对你来说就不再新鲜了，大脑在对这些东西再进行编码和储存的时候，变得越来越轻松，消耗的能量也越来越少——因为熟能生巧嘛。比方说你每天上下班的时候都开车，那么这个开车的过程和路线对你来说就不那么新鲜了；而如果只是偶尔一次的话，这个经历必定让你记忆深刻。

所以，关键还是在于新鲜劲儿。
每当你第一次干一件事儿的时候，
大脑都记得特别清楚，
清楚到几乎记得
这件事的每个细节。

而我们非常多的"第一次"
都是在我们年轻的时候发生的，
那时候的我们常常被铺天盖地的
新鲜感所包围，
比如第一次接吻、

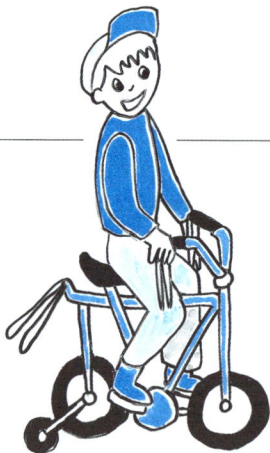

第一次骑车、

第一次喝酒，
等等。
只有在年轻的时候，
这种事情对于我们
才能够称得上是
全新的体验，
才能够让我们
久久难以忘怀。

1岁

中间

20岁

80岁

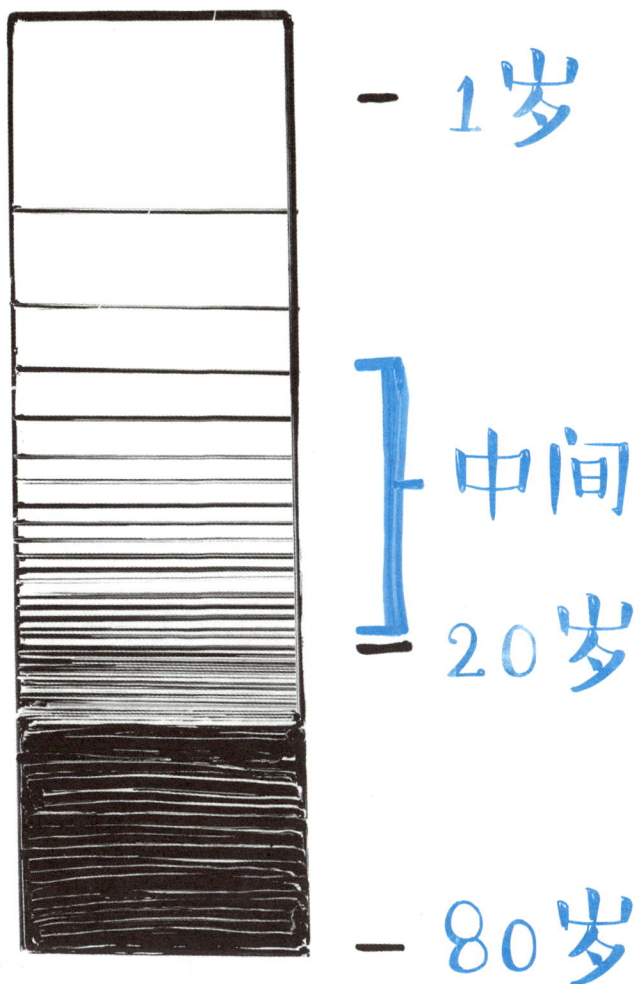

　　同时，随着年龄的增长，"一年"这个时间长度在你的生命中所占的比例越来越小，更让你感觉时间流逝的速度在加快。你看：当你满一岁的时候，一年可是占据了你生命的百分之百；而当你到了五十岁的时候，一年就只占据了你生命 2% 的比例了。所以随着你年龄越来越大，感觉到一年过得越来越快……我们做了一张表来表现这个概念。你可以看到，从第一年开始，一年占据了你生命的 100%；从第二年开始，就变成了 50%；第三年变成了33%；第四年变成了 25%。当然，这仅仅是许多理论之一。

　　好啦，别灰心丧气，人生还是充满了希望的。当你感到你慢慢长大老去的时候，去努力寻找点儿新鲜事物呗，让你的大脑不断地接受新的刺激。

这样也许能让你觉得时光不再飞逝！

比如，
去学习新的语言、
去没去过的地方旅游、

去从事从来没从事过的体育运动，
这些都可以让你的大脑摆脱以前枯燥乏味的东西。

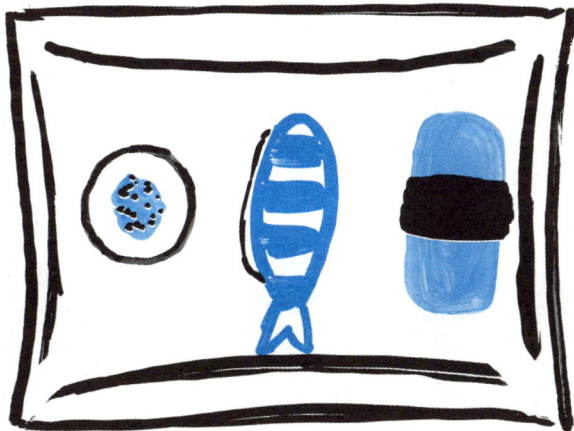

通过这些新的体验，你会获得全新的感受；
也许，会让你感觉如同回到昨日，回到那个觉得日子仿佛漫长到没有尽头的夏日时光。

AND OTHER AMOROUS PURSUITS

热烈的冲动，
和那些充满爱意的激情

关于
性感
的科学

THE SCIENCE OF SEXY

"嘿！看那个姑娘是不是够辣够性感？"

生活中我们有很多互相评价的方式，

而最为直观的无非就是评价他人的外貌。

也许我们总是羞于承认，但不管承不承认，

每当看到一些特别赏心悦目的人的时候，总是让人眼前一亮，

胸怀激荡，心脏怦怦跳。

但是，美貌和性感可以被客观衡量吗？有没有一个标准？

还是说这都是主观的，仅仅是"情人眼里出西施"，

或者"王八看绿豆，对上了眼儿"？

那么，如何用科学来解读性感这回事儿？

从科学的角度来说，人类在地球上存在的目的，就是一直不停地繁衍生息，不断地延续自己的生命，也就是延续着一份希望。和很多其他的生物一样，我们内在的基因驱使着我们去寻找从生物学角度最适合进行繁殖的性伴侣，来完成繁衍的过程。对于早期的人类来说，他们通常情况下会看重伴侣的健康程度，能寻找到这样一个健康无比的伴侣，对于繁衍后代来说，可是非常重要的事儿。

有科学研究表明，腿长、腰细、臀部大的女性对男性的吸引力更强；
因为长腿通常显示着健美的身材，而较大的臀部则通常意味着具备更好的生育能力，
这样合起来，就容易生出更加健康、壮实的宝宝。

而对女人来说，男人如果脸上有一些疤的话，通常情况下则更具有性吸引力。有理论认为，疤痕通常暗示男人睾丸酮含量较高，而睾丸酮含量高的男性通常更好斗，更具有力量感和阳刚之气。我们的祖先也许早就洞察了这一切的奥妙，看到了这些东西在人类的斗争和保卫家庭时的长处，看到了这些东西对于繁衍后代的重要性。所以有一句话叫作"男人不坏，女人不爱"。

就个人而言，也有研究表明，更无私、更忠诚的男人往往是女性的首选，因为无私和忠诚通常意味着这个男人更靠得住，更能对家庭做到长情的坚持和守护，而这对我们的祖先们来说，就是非常非常重要的因素。所以虽然说坏男人有市场，好男人也是很抢手的哦！

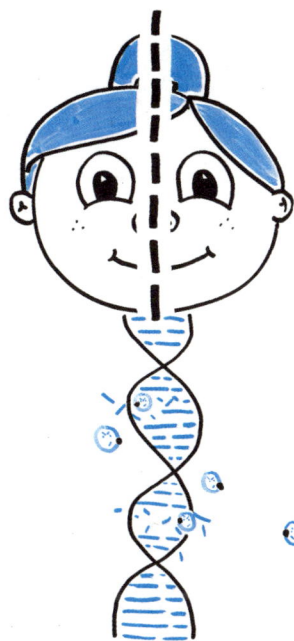

普遍意义上被认为长得好看的人，其实可能只是他们身体的对称性更高。许多研究表明，一个人如果长得越是对称，通常情况下就越具有吸引力。当一个人的长相并不显得怎么对称时，这可能暗示着他在子宫内发育的时候，出了一点点问题；因为这种非对称可能是由自由基引起的，自由基是一种可以搞破坏的分子，这种分子可以影响 DNA，可以导致多种疾病，比如癌症。

在怀孕的时候吸烟、体形肥胖，或者是分娩时的并发症都可以导致很多自由基的产生，而在这些自由基的影响下，很可能就会诞生一个对称程度没那么高的宝宝。所以，一个人的对称性通常可以表明其健康的程度，也可以表明其身体对抗疾病的能力，而这些都是影响两性间吸引力的重要因素。

如此看来，
我们祖先对于寻找适合繁衍后代的伴侣的需求，
就跟我们今天喜欢更加性感的对象一样，
都是外貌协会的啦！

关于伤心的科学

THE SCIENCE OF HEARTBREAK

当一段感情结束的时候，

对一个人的打击是巨大的，

甚至可能是毁灭性的。

分手以后感到累了，感到孤独寂寞，感到无比沮丧，

失去了人生的希望……

这些都是伤心的普遍情绪反应。

那么"心碎"到底是什么样的一件事儿？

它只是一个抽象的概念呢，

还是我们的身体和大脑都被真正的物理作用所影响了？

当你遭受到被刀子割伤了肉体的这种痛苦时，大脑里的前扣带皮层受到了刺激。

而当你从一段社会关系中脱身——比如分手之类的时候，

也使大脑里的这块区域受到刺激。

或许这颠覆了我们之前的认知，或许身体的痛苦和心灵的痛苦其实是一回事儿。

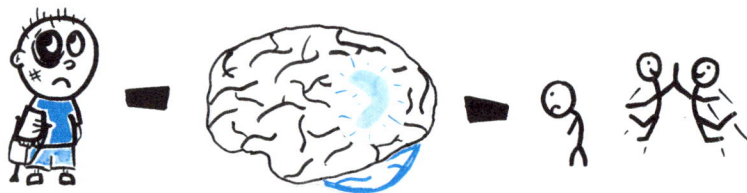

来，看看我们对于痛失所爱时会说些什么：

啊，她撕碎了我的心！

RIPPED MY HEART OUT!

撕碎了我的心！

啊，我的心，满地碎片。

啊，这真像她给了我一记响亮的耳光！

SLAP IN THE FACE!

扇耳光！

啊，我的生命，从此伤痕累累……

感情伤痕累累

EMOTIONALLY SCARRED

这种带有物理性质的描述构建了一种清晰的关系，

那就是至少从语言的角度讲，肉体上的疼痛和心灵的痛苦是一样的。

而事实上研究已经表明，与心理上受伤害比起来，我们更愿意接受身体上受伤害。

但是，究竟是为什么，两种明明不同的事儿，能引起我们产生同样的痛苦感觉？

很明显——我们之所以能感觉到身体上的疼痛，

是身体发出信号让我们避开迫在眉睫的危险。

从进化的角度看，

任何能让人类作为一个物种避开危险、健康生存的东西都是有存在的理由的，

这是为我们好。

而朋友、恋人这种社会关系和纽带的兴起，

在很多物种的生存中都扮演着重要的角色。

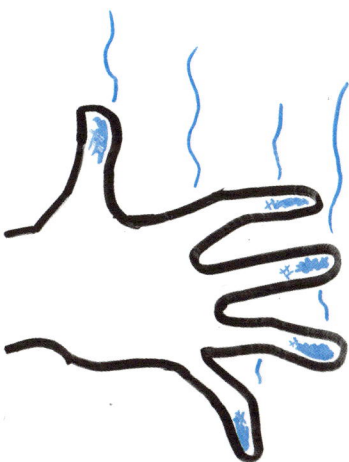

你帮我把风，我帮你放哨，

人和人之间互相帮助，

不就应该是这样的吗？

就像你不希望自己的愿望落空一样，

动物们都希望此生能够不再孤独。

一个人如果能够远离孤单，

从生物的角度而言，

当然也更容易生存，

更容易繁衍后代。

在很多关于灵长类动物的研究中可以看到，
当一个个体被从他熟悉的群体中分离出去，
远离他所爱之后，体内皮质醇的含量会增加，
而去甲肾上腺素会减少，这是一个主要的应激反应。

而产生这种应激反应的后果，就是容易导致抑郁症和焦虑症的产生，
没准儿还会让人号啕大哭……
对于我们人类来说，和恋人分手，或是痛失所爱，或者离群索居，
都会让我们产生一种类似于肉体上受到了痛苦的感觉。

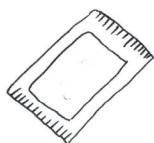

那么如何才能减轻这种痛苦呢？
总不能像身体受伤那样，
涂点儿膏药吧，贴个创可贴吧。
药店里也不会卖那种能治愈碎掉的心的药……
科学研究表明，在整体社会关怀程度较高的时候，
人们心灵容易受到创伤的程度就会比较低；
反之，当社会疏于照顾个体的情感时，
人们往往更容易受到心灵的伤害，
痛不知所起，一往而深……

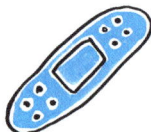

所以，当你感到伤心的时候，
去找你的亲朋好友吧，让他们陪在你的身边。
而如果你知道身边有人正在经历感情的痛苦时，
请给予他力所能及的支持，陪在他身边吧。
我们需要彼此，需要彼此的温暖和关怀。

关于
爱
的科学

THE SCIENCE OF LOVE

从哲学家到历史学家，从科学家到诗人，

没有谁不曾谈论过、研究过爱。

爱，激发我们的想象力，占据我们的好奇心。

我们每个人都曾经历过第一次坠入情网，

初尝爱意那种怦然的心动，

也都曾从心底里感受过对孩子、对家庭的爱和对朋友的爱。

爱究竟是什么？它这么神秘。

从生物学的角度来看，

这究竟是什么样的一种东西，让我们为之深深着迷？

毫无疑问的是，爱这种东西一直伴随着我们存在，并在人类的整个进化过程中扮演着不可或缺的角色。我们每一个人，都位于生物不断繁衍的这个链条之上，也是由此而来到这个世界；往前追溯，我们每个人都来自最原始的微生物，从无到有，从0到1，再到今日之所有。我们承载了祖先的全部期望，成功地不断延续，不断地有新的生命诞生，受到曙光的照耀。

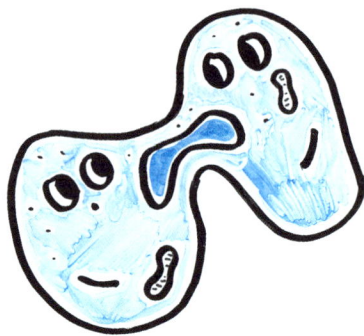

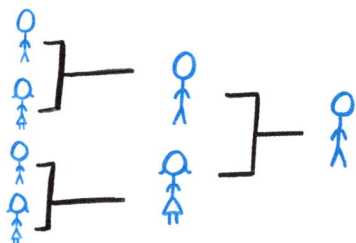

不幸的是，如果你没有孩子，未能延续后代，这个完美的连胜，只能就此暂告一段落。我们有动力去繁衍后代，我们也有动力去保障后代的生存。

虽然我们经常把"爱"和"心"联系到一块儿，但其实真正的爱，却需要研究大脑才能一窥究竟。有个发现听起来非常耐人寻味：坠入爱河的人的大脑，看起来和吸食了可卡因的人的大脑非常相似。

可卡因作用于人的大脑的快乐中枢，通过降低人类兴奋点的方式来发挥作用。这就意味着，在吸食可卡因之后，能够很容易变得感觉特棒。这和我们在坠入爱河的人的大脑中看到的情形几乎是一模一样的。并非可卡因或者是爱情本身让你感觉很好，事实上，当你处于这种状态时，任何东西都能够很轻易地激发你的神经让你产生快感。也就是说，当你对一个人充满爱意时，其实你此时是对整个世界都充满了爱意，觉得身边的一切事物都开始变得浪漫起来。同时有趣的是，快乐中枢旁边感知痛苦和产生延误的区域变得越来越迟钝，所以，烦恼和困扰也就开始离你越来越远。所以，让我们沐浴在爱河中，感觉总是棒棒哒！

那么，在这整个过程中，是什么化学物质起着作用呢？事实上，它们的名字叫作"多巴胺"和"去甲肾上腺素"，它们从大脑的右腹侧被盖区中分泌出来。在人发生性高潮，或者是简单地看着深爱的人的照片时，这两种化学物质分泌的量都会激增。

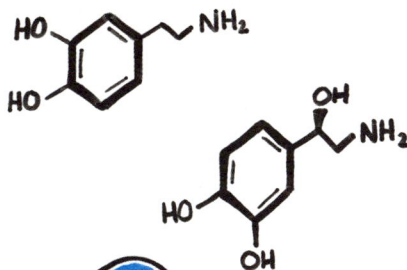

这时，你不仅仅会感受到性欲高涨，心脏充满了仿佛要飞起来一般的能量，也给了你充分的动力、渴望和欲望，让你克制不住想要去跟你爱的人相亲相近，缠绵悱恻。所以你看，其实浪漫的爱，并不是一种简单的情绪，这其实是我们的物种在千百年的繁衍过程中深深植根下来的一种本能，而正是由于这种本能的存在，让我们人类得以生生不息，繁荣昌盛。因为这种本能会带给我们强大的能量，让我们更加敏感，注意力更加集中，并让我们得意扬扬，兴高采烈。大脑中的这个快乐中枢其实是大脑的奖赏机制的一部分——这个机制由中脑缘多巴胺系统产生。如果在学习的时候对这个区域进行刺激，那么学习也会变得更容易，因为这会让人感到学习是一件非常愉快的事，就像受到了奖励一样。

催产素
OXYTOCIN

在这个过程中，
我们同样也观察到了从伏隔核中分泌的
神经调质缩宫素的数量的增减；
这种神经调质也被称为"献身神经调质"，
因为它可以帮助哺乳动物之间更好地发生亲密的联系。
当受试的田鼠被注射了这种物质后，
它们会迅速地去寻觅伴侣，
并开始卿卿我我。

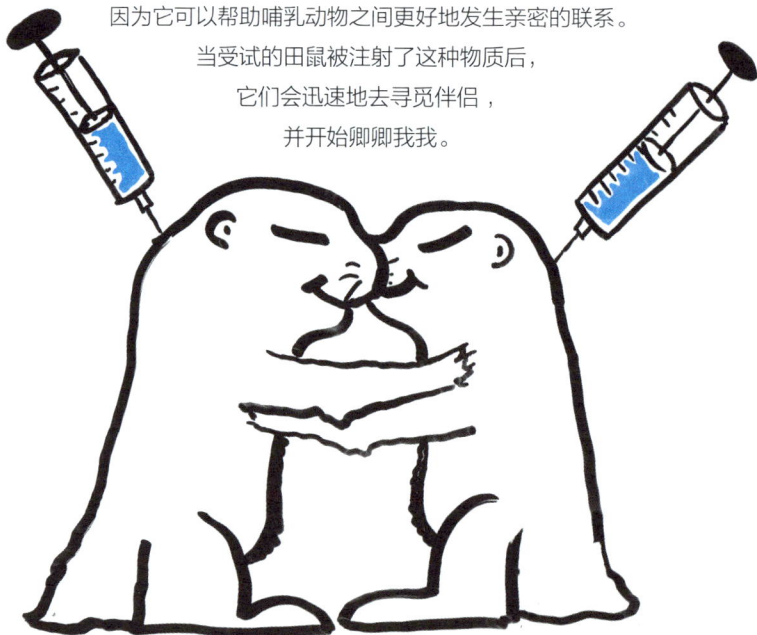

最后，研究还表明，
处于恋爱中的人体内的血清素的水平较低，
而通常情况下，
那些有强迫症的人才会发生这种现象。
这可以用来解释我们在刚刚陷入爱河时的
那种如痴如醉的感受。

让人拍手称奇的是，这些大脑中的相关区域，
它们能从你坠入爱河时开始，保持活跃长达数十年。

关于爱，这中间当然还混合了很多别的生理和心理因素，
而就我们目前的科学水平而言，
我们对于"爱"这个东西到底是什么，工作原理又是什么，
只能说知之甚少。
但，不管我们知道多少，
我们总是能很真切地感受爱的存在。

关于
性高潮
的科学

....

THE SCIENCE OF ORGASMS

人体就是一个奇迹。

但对于我们经历过的事物来说，其中最为典型的一个，

也是最让我们好奇的东西，可能就是性高潮啦。

为什么，为什么我们会感觉这么好？接着读下去吧！

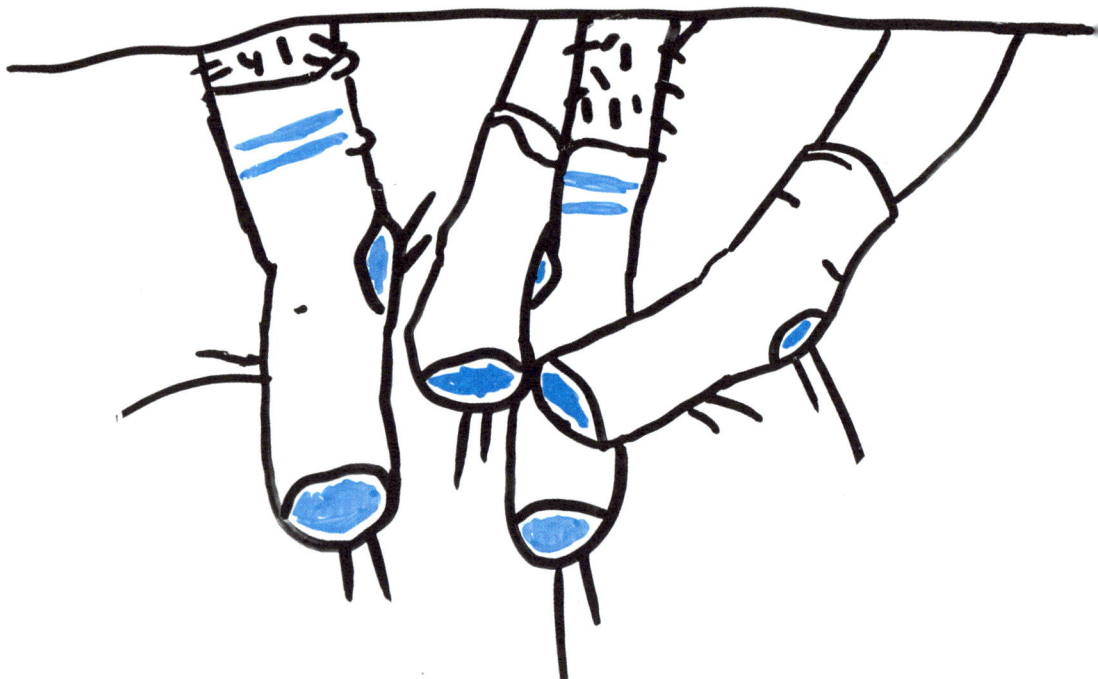

通常来说，人类的性反应可以分为四个阶段，它们分别是：

兴奋期、觉醒的高原期、性高潮和分解期。

在觉醒之后，大脑会刺激血液流向生殖器；

伴随着心跳和呼吸频率的加快，此时中枢神经会进行充分的参与；

并向你的大脑负责奖赏的区域发送愉快的信号。

同时，数以千计的神经末梢不断给大脑继续传递快乐的信号，最终就导致了性高潮。

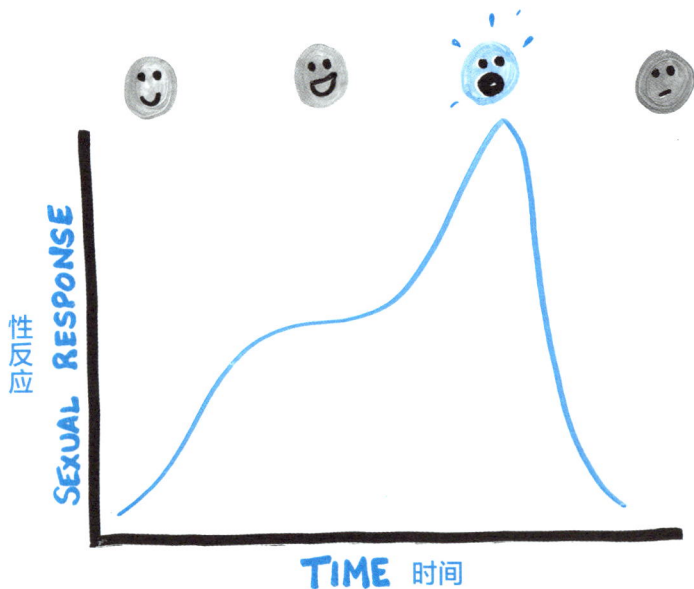

3~10 SEC

快感 PLEASURE

对于男人来说，性高潮发生时，
肛门括约肌、前列腺和阴茎肌肉
均会产生迅速收缩，
伴随着射精而发生的精液的释放，
整个过程持续 3 ~ 10 秒钟，
能够带给人强烈的快感。

而在高潮之后，
就开始了持续
数分钟到数小时
不等的"不应期"，
这个阶段则是不能再次
获得高潮的。

20+ SEC 秒

快感 PLEASURE

对于女人来说，
则不用经历上述的"不应期"，
所以她们往往能够体验多个连续的高潮。
平均而言，
女性的每个高潮可以持续 20 秒左右，
有些时候会更长。
在女性的高潮中，
子宫、阴道、肛门和盆底肌肉
都会发生有节律的收缩。

高潮中，
主要是大脑对身体进行控制——
或者说，这是一种暂时的失控。
用磁共振进行成像扫描时可以发现，
高潮的时候大脑有三十多个离散区域
变得活跃起来。

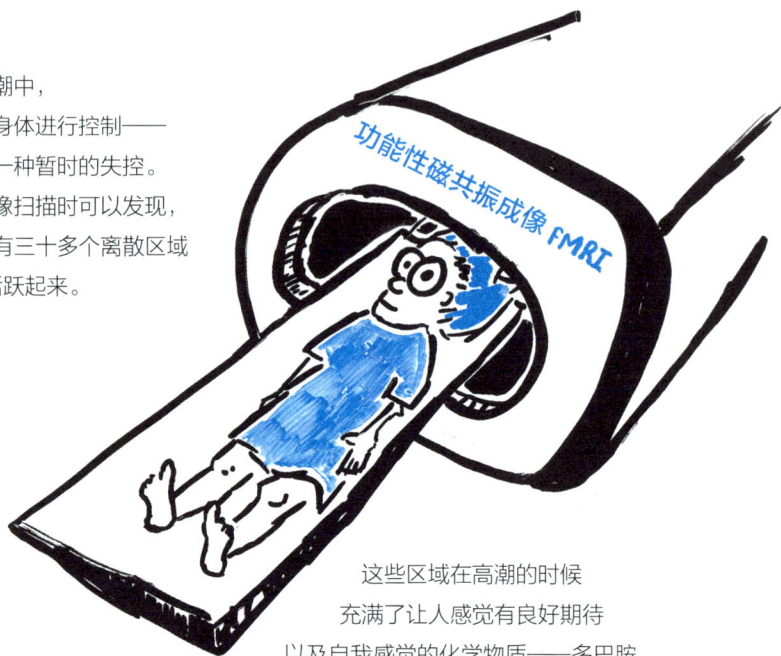

功能性磁共振成像 FMRI

这些区域在高潮的时候
充满了让人感觉有良好期待
以及自我感觉的化学物质——多巴胺，
也正是这种物质让你充满了渴望。
这是与缩宫素的释放共同发生的一种荷尔蒙，
这种东西可以导致人们对伴侣的渴望，
让人和人之间产生爱情，结合到一起。

PET 的扫描结果让人惊叹：男人和女人在发生性高潮的时候，大脑的内部活动是一样的。负责控制自我评价、理性分析和自我控制的外侧眶额皮层，处于关闭状态；而它的关闭，也同时消除了人的恐惧和焦虑，这对性高潮来说，是非常关键的一个因素。

同时，脑中的杏仁核部分非常松弛，女性脑中的海马体则进一步降低情绪的反应，直接导致可以发生一种类似恍惚的状态；对男性而言，则是对积极性的一种挫伤，让人变得迟钝。

在女性的性高潮来临时，她们脑中的很多区域都处于完全停滞的状态；但对男性来说，影响则很小，不过这可能是由于男性的高潮持续时间很短，给大脑扫描观测带来的难度也更大一些。在女性大脑中，有一种叫作"脉管周围灰质"的区域被激活，产生了战斗或者逃跑的反应，同时，与疼痛相关联的皮层也被激活。这表明在女性发生性高潮时，痛苦和快乐之间建立了某种联结。

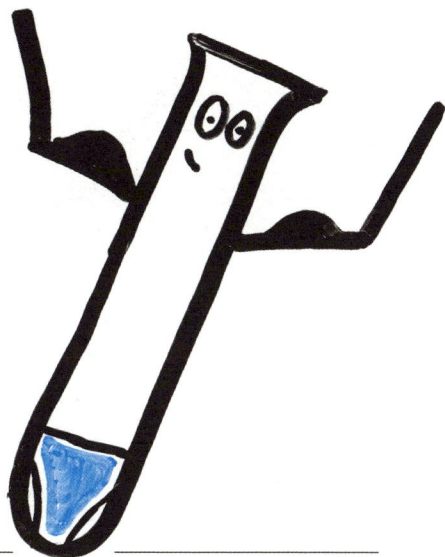

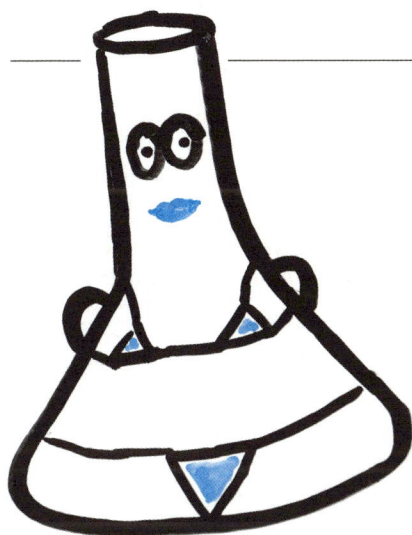

在经历了高潮和肌肉的收缩之后，
身体就会慢慢地进入深度放松的状态，
而心脏跳动的速度也会逐渐
减慢到最为松弛的节奏中。

怎么样，
是不是觉得科学知识
非常性感？

跳舞可以让你找到另一半吗?

WILL DANCING GET YOU LAID?

纵观历史,在所有不同的社会文化中,

跳舞都是表现自我的一种途径。

无论是部落的仪式,还是随着圆舞曲翩翩起舞,

抑或是劲爆的扭臀舞,都是这样。

可以在舞池中跳,也可以在家里对着镜子自己来上一段。

而且,有些人确实跳得非常好,比其他的人要好很多。

那么问题来了,跳舞这种行为,是一种个体独立的表达方式呢,

还是打上了群体烙印的一种行为?

我们为什么会有跳舞的冲动,

这是不是一种寻偶冲动的延伸?

当然,更让我们关心的是,

跳舞是不是能给你带来点儿什么实际的好处?

从观众的角度来说，看人跳舞能给人带来一种感官上的愉悦，这跟听音乐让人感到愉快是一样的道理。但是，科学大拿达尔文说，跳舞实际上是一种交配的仪式，在我们整个物种繁衍进化的过程中相生相伴。如果真是这样的话，那么跳舞的能力必然也就与生存和繁殖的能力相关。那么是这样的吗？

事实证明，在早期的人类中，
那些更协调的、对称性更强的、节奏感更好的人，
被认为潜在的生育能力更强。
因为这些性状和特征往往意味着
他们有更好的生存能力，
他们能跑得更快，在保卫猎物方面更厉害，
最终能够更好地生存下来。

而跳舞，
恰好最能表现这些特征和品质，
是一个最为典型的"窗口"
去对这些方面进行展示。
跳舞让潜在的伴侣们
迅速地发现一个人的健康程度
和种种优势，并为之所吸引。

跳舞的欲望，
甚至存在于那些 5 个月大的婴儿的身上。
当他们还什么都不懂的时候，
就已经能够跟着节拍扭动了。

而在自然界中，
更是有许多的生物，
用跳舞或者其他的活动方式，
来挑逗异性，
让对方为之陶醉和痴迷。
比如蜘蛛，比如各种鸟类，
还包括蜜蜂——
蜜蜂甚至还通过跳舞来传递信息呢。

为什么人们总是会情不自禁地随着音乐跳舞？
研究表明，可能是大脑中负责奖励的区域与负责活动的区域存在某种联系。
比方说，音乐可以刺激位于大脑底部的小脑，
而这个部分则正好与活动的时点把握与协调性有关。

在当下，跳舞一般被认为可以彰显一个人的信心和无所畏惧的气度，

当然有时候这也是一种神经质的陶醉其中的表现。

最重要的是，舞跳得好，

通常情况下代表着一个人活动协调，

身体健康，具备很强的繁殖潜力。

很多时候，我们在夜店这种"天然栖息地"举行求婚仪式这种行为，

跟动物们在野外干的事是一模一样的。

所以，我们常常说高兴的时候就"像动物一样尽情地狂欢"也是有道理的。

只不过，很多时候我们只是没有动物那么直截了当。

其实有很多男人觉得，他们不怎么擅长跳舞，跳舞并不适合他们。但是，对于大多数动物而言，雄性必须尽力打动雌性。怎么样？是不是还必须得跳个舞，还得跳得尽量好点儿？那么，究竟什么才能算是好的舞蹈？科学家们进行了研究，试图发现到底什么样的舞蹈能够吸引女性。有意思的是，研究发现，女人对于男人核心区域（包括躯干、颈部和头部）的扭转、弯曲、摆动最能够产生积极的兴趣。因为这能够展现身体的柔韧性、灵活性，还能表现出一个人的创造性，所以，包含这些特征的舞蹈，通常情况下被认为是"好"的舞蹈。另外，如果舞蹈中包含了太多重复性的、僵硬的、乱七八糟抖动的动作（有时候这被称作"老爹的舞步"），那么这个舞蹈就显得不那么有吸引力。当然，我们的老爹跳舞的时候可能确实是比他的舞伴要笨拙一些、慢一些。这是因为他毕竟年纪大啦，不那么适合跳舞了。

尽情地拥抱你的动物本能，欢快地跳起来吧！不管你在哪儿，俱乐部也好，酒吧也好，自己家里的客厅也罢，快跳起欢快的舞蹈吧。如果被人问起这些张牙舞爪的动作是在哪儿学来的，尽管告诉他：哥们儿，这可是上下五千年进化的产物，多少代祖先传下来的绝活儿！

谁又能知道，科学是如此时髦呢？

GETTING TO THE BOTTOM OF BAD BEHAVIOR

寻找坏习惯的根源

@&#?

SH*T F#CK

关于
脏话
的科学

THE SCIENCE OF SWEARING

A$$

我们为什么愤怒的时候想骂脏话？
有时候就是忍不住要骂出来那么几句，
大声地咒骂出来就好像很自豪似的。
骂脏话是为了达到什么生理上的目的，
还是说这就是一种带有禁忌色彩的文化？

脏话听起来真是很糙，
而且有一定的"危害性"，
但是科学却告诉我们，
说脏话也许对我们来说有点儿好处……
别急别急，
只是在某些特定情形下才会。

这其实并不奇怪。人们往往是在自身遭受了伤害的情况下，才会说脏话。事实上，这其实是一种应对伤痛的非常常见的反应而已。研究人员们已经开始寻找这样反应的更深层次原因。他们发现，说脏话可能在疼痛调节方面起到一定的作用。

在一项研究中，科学家们找了一些大学生进行试验。大学生们被分为两组，让这两组人同时把手放进冰冷的水中，看看能够坚持多久。其中一组被允许在这个过程中随意说一些平时爱说的脏话，另外一组则禁止这样做。结果最后发现，被允许说脏话的那一组表示感到痛苦的程度较轻，而且还比另一组能够坚持更长的时间，平均下来大概能多坚持 40 秒钟。

研究人员推测，说脏话这个行为可以影响大脑关于情感的回路。当处于正常状态时，我们平时说的话只和大脑的左半球有关；而脏话却有可能刺激到大脑的另外一个区域，这个区域叫作"杏仁核"，杏仁核位于右半脑，附着在海马的末端，呈杏仁状，是边缘系统的一部分。它是产生情绪、识别情绪、调节情绪、控制学习和记忆的脑部组织。

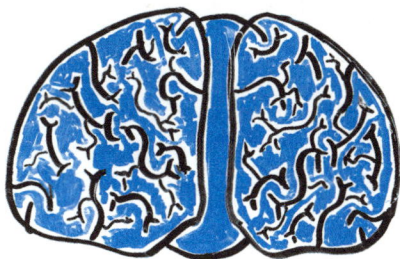

这个杏仁核，恰好是我们在战斗或者逃亡时会被激发的区域，而反过来，这个区域又能够起到抑制疼痛的作用。毕竟，在身处压力之中时，你的身体需要担心的事，就是痛苦和疼痛。

许多动物在受到惊吓、威胁或者伤害时，就会应激产生这样的反应。这样的反应也常常伴随着愤怒的嘶吼，这是为了惊吓那些潜在的对手。比方说你走路的时候，一不小心就踩了一个喵星人的尾巴，那它可是要惊天地泣鬼神地大吼一通的。

但需要注意的是，我们说的脏话越多，这些脏话所包含的意义就越少，能够起到的作用也就越小。情绪的反应反而被抑制下来了。因此，虽然脏话有时候对我们有利，甚至能"拯救"我们，但是也别太过分地说太多，好吗？

关于撒谎的科学

LYING

善意的谎言，夸大其词，厚颜无耻，胡说八道，半真半假，
故意欺诈遗漏，虚张声势……谎言的类型真是千奇百怪，层出不穷，
虽然我们中的绝大多数人每天都会说谎，
但是谎言的复杂性和说谎的企图，却是千变万化的。
谎言被戳穿的风险不同，说的谎也往往不一样。
在鉴定一句话是否是谎言时，我们能够言之凿凿、板上钉钉吗？
当我们试图掩盖真相、信口雌黄的时候，
我们的身体反应又是否存在什么一致的表现呢？

其实撒谎是一件让人感到高度紧张的事儿。尤其是当你考虑到，被抓的风险还挺高的。
所以，在说谎的时候，你的身体其实在应对高度的压力和焦虑；
这种高度的压力和焦虑，就跟你平时身处高度紧张的环境中时是一样的，
这种被称为"战斗或者逃命"的神经反射被激发了。

战斗或者逃命
FIGHT OR FLIGHT

这种神经系统的防御机制能够被激活，是因为你感知到了威胁的存在，
所以它们会释放神经递质，比如乙酰胆碱和肾上腺素，让它们担任化学信使，
让你的身体赶紧采取相应的行动。
有时候你突然感觉有如神助，超人附体，就是这样的原因。
而同时，还会有一系列其他的变化：

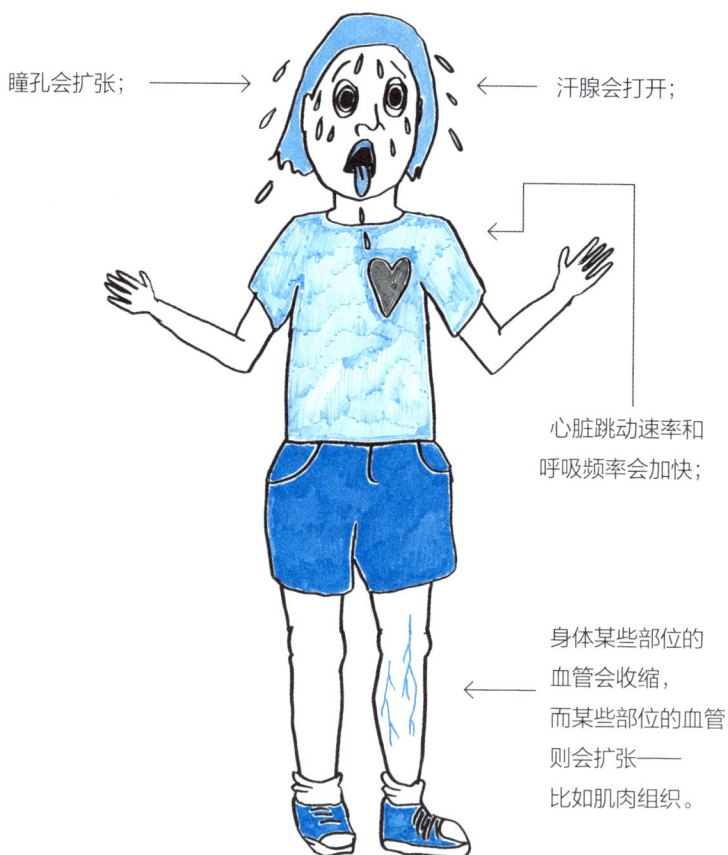

瞳孔会扩张；　　→　　　　　　　←　　汗腺会打开；

心脏跳动速率和
呼吸频率会加快；

身体某些部位的
血管会收缩，
而某些部位的血管
则会扩张——
比如肌肉组织。

多年以来，测谎仪的应用越来越普遍。

测谎仪就是专门用来观测在说谎的时候身体发生的这些变化的。

然而，测谎仪有一个致命的缺陷——

并不是每个人在说谎的时候都会产生焦虑和紧张的情绪。

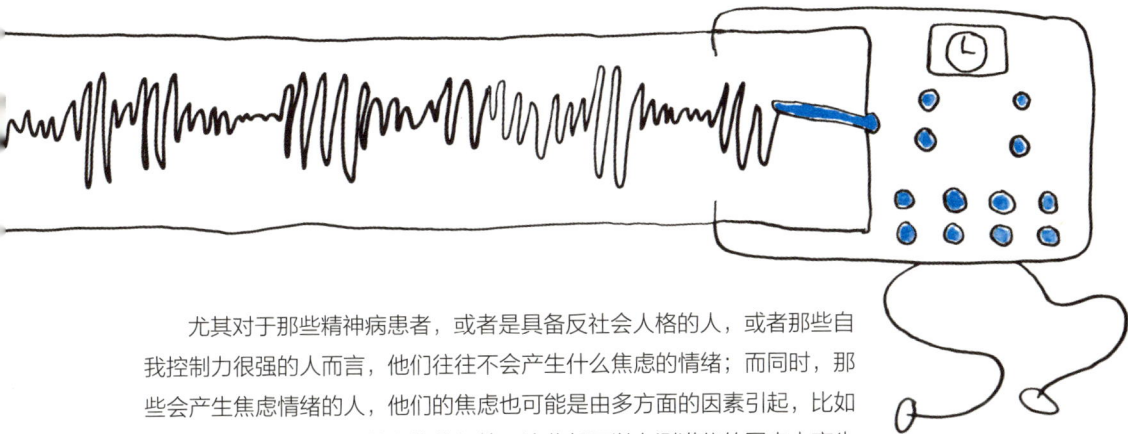

尤其对于那些精神病患者，或者是具备反社会人格的人，或者那些自我控制力很强的人而言，他们往往不会产生什么焦虑的情绪；而同时，那些会产生焦虑情绪的人，他们的焦虑也可能是由多方面的因素引起，比如被人质疑，或者得不到他人的信任等。这些都可以在测谎仪的图表中产生一个尖峰数据，但是这个数据可能是不准确的。

作为测谎仪的替代方案，功能性磁共振成像扫描目前正在考虑作为新的工具，来对主要器官——大脑进行检测。这种方法以前通常是用来诊断神经障碍，并绘制相应的大脑图像的，现在则可以用来通过计算脑组织中的血氧水平的变化，从而识别大脑的活动状态如何。

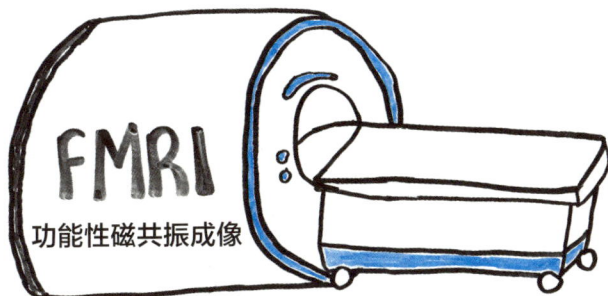

FMRI
功能性磁共振成像

当大脑中某个区域的神经元被激活时，血液就会更多地流向这个区域，从而使得含氧量增加。功能性磁共振成像就是基于这个原理，用一系列的扫描过程来判断这些变化，从而达到"读心"的目的。

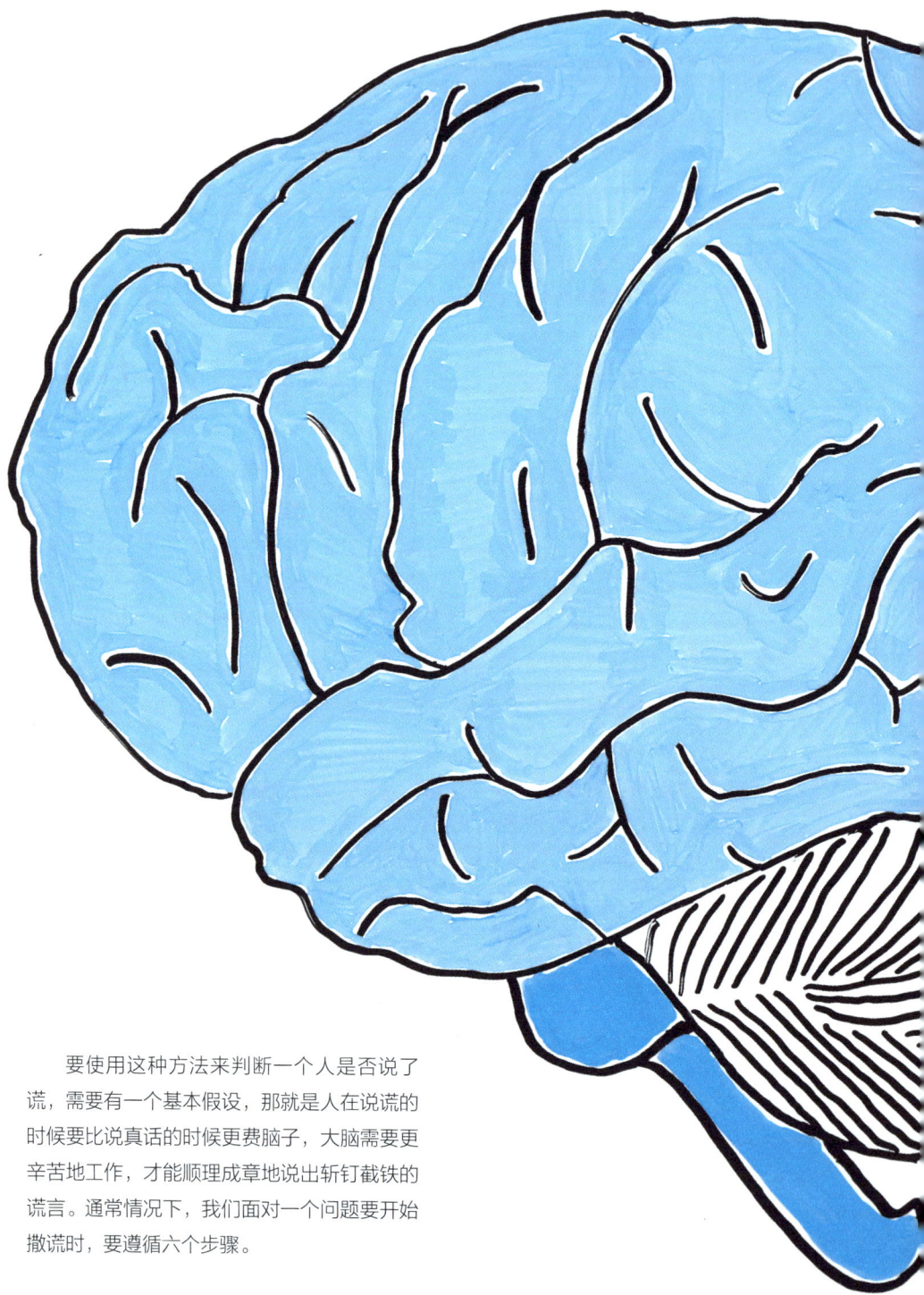

要使用这种方法来判断一个人是否说了谎，需要有一个基本假设，那就是人在说谎的时候要比说真话的时候更费脑子，大脑需要更辛苦地工作，才能顺理成章地说出斩钉截铁的谎言。通常情况下，我们面对一个问题要开始撒谎时，要遵循六个步骤。

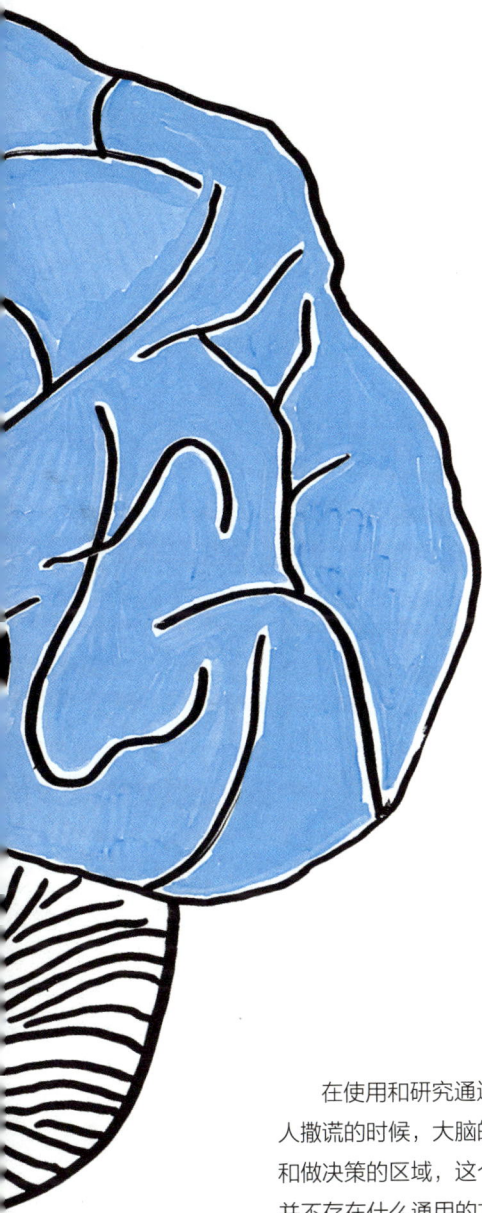

这六个步骤依次是：

（1）感知这个问题；

（2）理解这个问题；

（3）搜索记忆中有关这个问题的信息；

（4）判断和计划要如何进行撒谎，并且评估说真话和说假话所带来的不同的风险，因为此时大脑一般也会同时自动生成一个真实的回答；

（5）对说真话（或者自然而然的反应）的冲动进行抑制；

（6）说出谎言。

在使用和研究通过功能性磁共振成像法进行检查时，通常可以看到在人撒谎的时候，大脑的活动会始终处于一个较高的水平。在大脑负责控制和做决策的区域，这个现象就更为明显。遗憾的是，对一个外行人来说，并不存在什么通用的方式可以检测出谎言，（谢天谢地）我们也毕竟没有一个像狗狗那样灵敏的鼻子去嗅出点儿什么。不过，随着科学技术的进步，我们已经有了一系列的方法去帮助科学家们鉴别谎言的存在，就像拥有火眼金睛一般。

关于拖延症的科学

THE SCIENCE OF PROCRASTINATION

让我们努力面对这一切吧！

你现在读书读得好像很用功似的，

但你好像是在逃避一些其他的任务呢！

你在拖延！而且你在拖延着去学习如何才能摆脱拖延！

（没错，这就是所谓的拖延循环，拖延症的"盗梦空间"！）

时间正在不停地流逝，你怎么就不能停止拖延，马上去做呢？

有关拖延症的心理成因，仍处于争论之中。

大多数人倾向于高估或者低估一个项目距离时间接近程度所能带来的奖赏。

我们将这个称为"时间折现"。

举例来说：如果一天给你 100 块钱，和一个月给你 110 块钱，

你多半会马上选择前者，拿到那 100 块钱；

但是如果说，一年给你 100 块钱，和一年又一个月给你 110 块钱，

你可能就会想，反正我一年都等了，也不在乎多等这一个月了。

但此时，在这两个例子中，等待一个月的回报却都是 10 块钱，并没有什么区别。

现在　　　　　　　　以后

事实证明，人的动机往往会受到"奖励是否迫在眉睫、近在眼前"这种事情的影响。

如果说奖励离现在越远，它的价值在现在往往就大打折扣，

这个现象被称为"眼前偏差"，也被称为"双曲贴现"。

所以看闲书、逛微博和朋友圈，或者看网络视频什么的，

总是要比考试得了个好成绩能让我们觉得更爽；

除非时间迫近，考试获得一个好的成绩的价值就凸显出来了，

要不我们为什么总是熬夜复习，通宵看书，临时抱佛脚呢。

基于这个原理——
每一次我们干点儿什么让人愉快的事情之后，
大脑就会分泌一定剂量的多巴胺；
而这种奖励能改变大脑中的神经元，
你就更愿意去一而再地重复这件让你愉快的事儿。
像打游戏啊，上网啊，看视频这种事儿呢，
它们总是可以提供很多
虽然微小，但是见效快、可持续的奖励；
但像写论文这种事儿可就不一样了，
这往往是一次性的、
需要付出很多时间才能在将来得到的奖励。
那么我们怎样才能克服前者本能的冲动，
不要去干这么多无所谓的名堂呢？

很遗憾，对于这件事情，
并没有一个明确的解决方案。
但可以提供一些策略给你：
在做大任务的时候，
时不时地奖励自己一下，
比如吃点儿喜欢的零食啊，
上上网啊，
或者干点儿其他有意思的事儿。
比如"番茄工作法"就是从时间上入手：
每 25 分钟的工作后可以休息 5 分钟，
这 5 分钟的休息就是对自己的奖励。

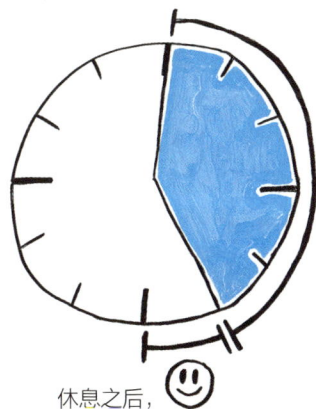

休息之后，
再开始另外一段 25 分钟的工作。
这种逐渐累加的工作量，
往往能够成效斐然，
可以让人慢慢地获得高层次、
高难度的项目执行力。

承认你身患拖延症吧，拖延本来就是每个人的天性。事实证明，设置一个具有很高代价的截止日期，是管理工作习惯的好方法之一。到了截止日期，完不成工作的代价越大，这种方法越有效。

除此之外，你要学会享受这种逐渐获得成就的过程，
而不要总是在心里想"这 20 分钟撑过去我就赢了"；
你得想着"我正在做的是一件非常伟大的事情"，
或者"我喜欢这种具有高度生产力的状态"。
同样地，列一个表，表上写明你希望实现目标的理由。
你要时时刻刻地想着，你是渴望做这件事情的，你迫不及待地要做这件事情，
要最大限度地减少和防止自己的优柔寡断。
拖延症是一种症状，而不是一个原因；
如果能给自己适当的激励和正反馈，做起事情来会有更多动力。

最后，如果可以的话，请在做事情的时候尽可能地摒弃掉那些诱惑。
把网线拔了、把喜欢的游戏卸载了，
或者干脆换个别的环境工作，都行。

既然已经身患拖延症了，
就别在自己前进的道路上设置那么多乱七八糟的障碍啦！

关于 消除宿醉 的科学

THE SCIENCE OF HANGOVER CURE

出去浪荡一夜，喝了无数杯酒，早上醒来的时候感觉很不爽吧？

有什么解决方法？没有，要么就别喝。

不过说了根本没用，下个周末你就忘光了，

然后又跑出去浪荡，喝个酩酊大醉。

这简直不可避免，而你自己也是心知肚明。

倒是有很多药物和一些民间的神奇偏方告诉你，它们能起到疗效，

让你不再受宿醉困扰。还是让我们用科学知识告诉你，

如何摆脱宿醉的困扰吧。

1. 在喝酒之前 BEFORE YOU START DRINKING

　　首先，吃！吃那些高脂肪食物，还要多吃糖类。是，我们知道你不想吃太多，以便让自己看起来显得稍微苗条一些。但是事实上，高脂肪食物可以降低身体对于酒精的吸收速度，并且有助于遏制酒精对胃的刺激；而糖类则可以防止低血糖的发生，并缓解恶心的感觉，不至于发生太多的呕吐。吃这两样东西也可以给你身体提供更充裕的时间去处理酒精代谢产生的副产物——而这些副产物正好是让你宿醉难受的主要凶手。

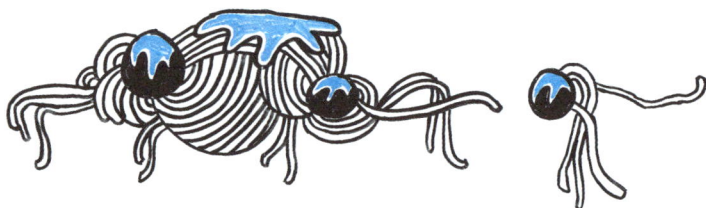

　　接下来，喝！喝水。水是你最好的朋友，在喝酒前、喝酒中、喝酒后，都有必要饮用。酒精是一种利尿剂，这意味着相比你摄入的水分，你嘘嘘出去的更多一些。这样一来，你体内的水分就逐渐减少，那么身体的器官就会从大脑里偷水，导致大脑缺水开始收缩——然后你就开始头疼了。

　　有些药物号称可以治疗宿醉，但是这基本上是在胡说八道。唯一可能起点儿作用的，也就是复合维生素片了。因为酒精的利尿作用，在让人排出很多水分的同时，也带走了人体所必需的维生素，那么正好，复合维生素片还可以提供一些补充。

2. 当你喝酒的时候 WHILE YOU'RE DRINKING

来，先别慌。让我们再喝一杯水。

给你自己帮个忙，挑一款颜色浅一些的酒吧。那些深颜色的酒，什么红葡萄酒、波旁威士忌、白兰地、苏格兰威士忌什么的，它们往往含有高浓度的同源质，这些是在酿酒过程中产生的额外的有毒化学物质，它会给身体增加许多负担，还需要腾出工夫去消解它们。

虽然说，啤酒并不属于这些深色酒，但也要少碰啤酒。至于总是有人告诉你"先喝啤酒不容易醉"，你就当他在说鬼话吧。啤酒里含的碳酸会增加人体吸收酒精的速率，会让人醉得更快，喝醉了也更难受。

3. 当你爽完了回到家之后 AFTER THE BAR

首先，还是让我们尽可能多喝水。虽然说，喝了水之后，这一晚上你有可能会需要不停地起来嘘嘘，但是相信我，这比你第二天一上午的头疼欲裂要好得多。

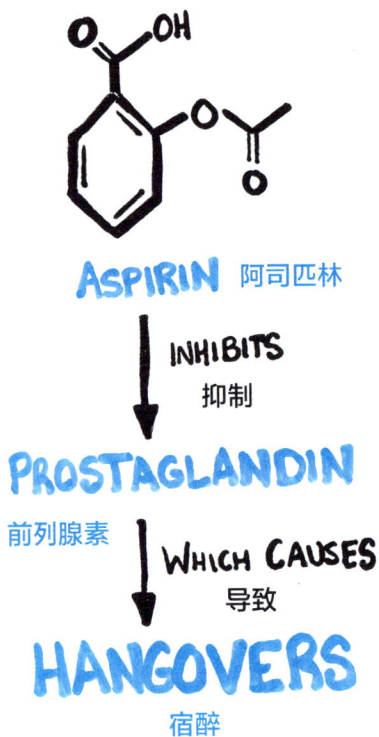

ASPIRIN 阿司匹林

INHIBITS
抑制

PROSTAGLANDIN
前列腺素

WHICH CAUSES
导致

HANGOVERS
宿醉

TYLENOL 泰诺

DAMAGES
损害

LIVER
肝脏

损害
DAMAGES

ALCOHOL 乙醇

除此之外，睡前也可以服用一些阿司匹林，这也有一定的帮助。它不含咖啡因，并且可以起到抑制前列腺素产生的作用，而前列腺素就是导致宿醉后难受的根源。服用阿司匹林已经被证明，有助于治疗宿醉后遗症。

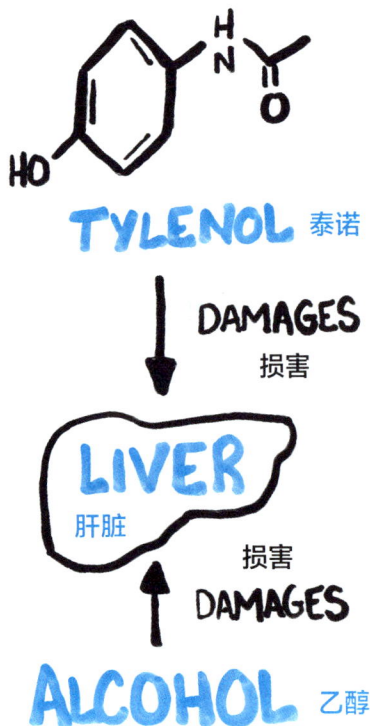

但同时需要注意的是，你得远离"对乙酰氨基酚"——泰诺，这种东西对人体肝脏不太好，并且一旦它和酒里的乙醇混合后，会极大地损伤肝脏。

4. 第二天早上 THE DREADED MORNING AFTER

第二天早上的这顿早饭，是可以起到很大的作用的。吃鸡蛋——鸡蛋中含有半胱氨酸，这是一种能够促使酒精尽快分解成醋酸的氨基酸；来根香蕉——香蕉中含有钾，这是一种对大脑、肌肉都非常重要的元素，影响着人体功能的运转；然后再喝点儿果汁——果汁中含有维生素和果糖，可以为身体补充能量，并加快身体排出毒素的速度。

但是也许最重要的原则并不是上面那些条条框框。至关重要的原则是，要清楚地知道你的耐受力，人贵自知。不同性别、不同种族的不同个体之间，对于酒精的耐受力有着非常大的差异，这些是先天决定的，千万莫要逞强。但是在你熟悉了上面提到的这些方法和策略之后，你也能够学会如何正确地应对宿醉，减少其带来的伤害。

周末喝了酒可别忘了哦！

DREAMING, WAKING, NAPPING, SLEEPING

关于睡觉和做梦的那些事儿

有关
小憩
的科学知识

···

THE SCIENTIFIC POWER OF NAPS

吃过午饭，开始下午的学习和工作了。

是不是总是感觉昏昏沉沉，疲惫不堪，根本无心工作，无心学习？

总是得跑下楼买杯咖啡，买瓶苏打水，买瓶红牛或者健力宝，

以求能顺利地振作起精神来度过这难熬的一天，

希望通过这些东西能够与不断袭来的哈欠和困意做斗争。

但我们总是试图回避最直接其实也是最有效的方法来应对这一切：睡会儿。

事实上，打个盹儿小憩一下，

也许是让大脑摆脱困意、恢复活力，最行之有效的方法。

人的睡眠周期，一共可以分为四个阶段。
前两个阶段都属于轻度睡眠，第三个阶段才进入深度睡眠状态，
而最后的一个阶段被称为"快速动眼期"。
大多数时候，我们的梦境就是在这第四个阶段发生的。
小憩的好处，和睡眠的时间长短息息相关。

10~30
MIN
分钟

！

一般来说，睡 10 分钟的样子，只能进入睡眠的第一阶段。在这个阶段中，眼球会开始缓慢地运动，而一旦这个阶段被吵醒，你通常会有一种感觉——"根本没睡着"！而当睡眠超过了 10 分钟，进入第二阶段之后，大脑就开始忽略外部刺激，认为外界环境是安全的，这是为了让身体感觉到放松，让你能安安静静地睡觉。这个时候，大脑也开始对记忆进行整合，处理其中的信息。如果在这个阶段被唤醒，工作效率会有明显的提高，认知能力会明显加强，记忆力、创造力都会更强；最重要的是，你会感觉到，不那么累啦。

30+
MIN 分钟

当超过了 30 分钟以后，就进入了第三阶段，也就是深度睡眠阶段。
当把人从这个阶段叫醒时，通常都会存在着"睡眠惯性"，还是昏昏欲睡的。
这是因为身体已经进入了深眠状态，运动功能降至很低，
还想继续处于一种放松和迷醉的状态。
很多人觉得小憩没什么好处，是因为他们其实睡得太久了。

午睡和小憩能带来的好处，现在已经越来越清楚了。
在日本，已经有了许多像"小憩旅馆"一样的机构，
上班族们到了中午的时候，可以付费在一个沙发床上睡上一小会儿，
以便在工作中能够更好地保持敏感和清醒。
所以，其实我们在平时上班的时候，如果中午有机会、有条件，
都应该睡上一小会儿。如果老板不爽，你就告诉他：
"这是科学，科学！"

关于晨勃的科学

THE SCIENCE OF MORNING WOOD

这是所有男性都会遇到的事儿，
从男人到男孩，从小男孩到小婴儿，再到子宫里的小小婴儿……都会遇到。
你也许并没有学过露营的相关知识，更不知道怎么扎帐篷。
但每天早上，你都会默默地支起一顶小帐篷，这是怎么回事儿？
这是阴茎的自然勃起。
现在我们都很时髦地管这个叫"晨勃"。

清晨的勃起，是正常的睡眠周期中的一部分。
其实在整个晚上，会发生很多次勃起现象。

SLEEP CYCLE 睡眠周期

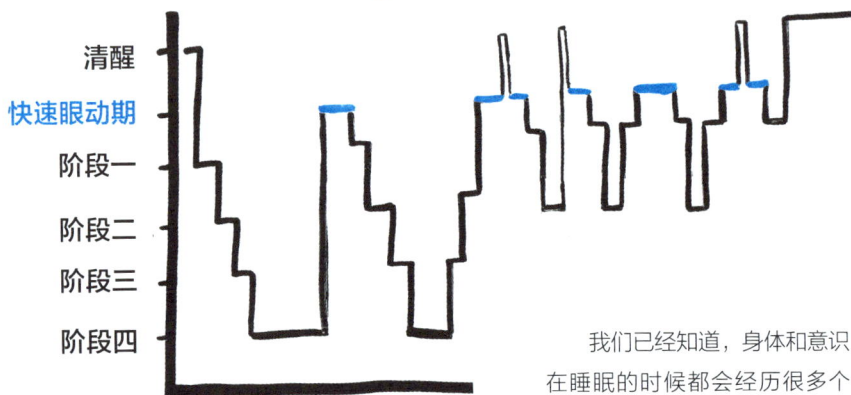

清醒
快速眼动期
阶段一
阶段二
阶段三
阶段四

我们已经知道，身体和意识在睡眠的时候都会经历很多个阶段，从浅睡逐渐进入到深睡，再进入快速眼动期，然后睡眠再慢慢变浅——这个周期，在每个晚上都会循环发生四五次。当进入快速眼动期时，不仅仅是脑海中会开始做梦，生理方面也会发生一些变化。这个时候大脑开始停止产生一些神经递质，从而达到调节身体的目的，这是为了防止在做梦的时候身体会做出一些乱七八糟的动作来。

NOREPINEPHRINE 去甲肾上腺素

其中一种神经递质叫作去甲肾上腺素，
这个东西呢，就是专门用来控制勃起的。
具体说来，
这个东西可以导致阴茎的血管收缩，
从而防止充血勃起——
就像给血液的流通亮起红灯一样。

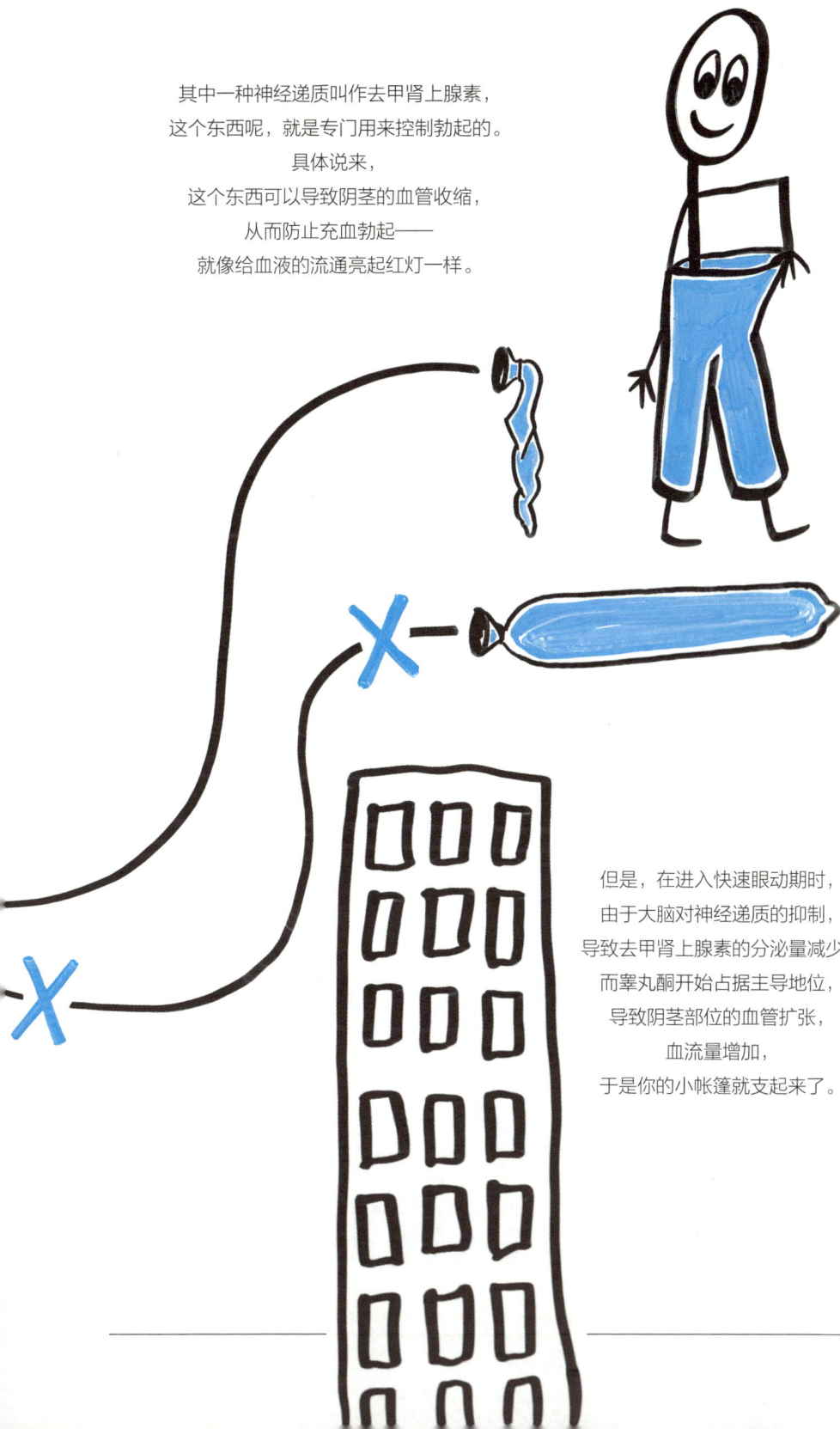

但是，在进入快速眼动期时，
由于大脑对神经递质的抑制，
导致去甲肾上腺素的分泌量减少，
而睾丸酮开始占据主导地位，
导致阴茎部位的血管扩张，
血流量增加，
于是你的小帐篷就支起来了。

但是为什么会这样？为什么这样很重要？这是因为，阴茎和身体其他部位的肌肉和组织一样，到了晚上的时候，这些部位的血液要用来增加供氧量，以修复身体，使其保持正常功能。

但为什么我们又常常在勃起的惊喜中醒来？这是因为我们醒来的阶段常常正好是快速眼动期左右，而这个阶段，可不就是会发生这种情形嘛。

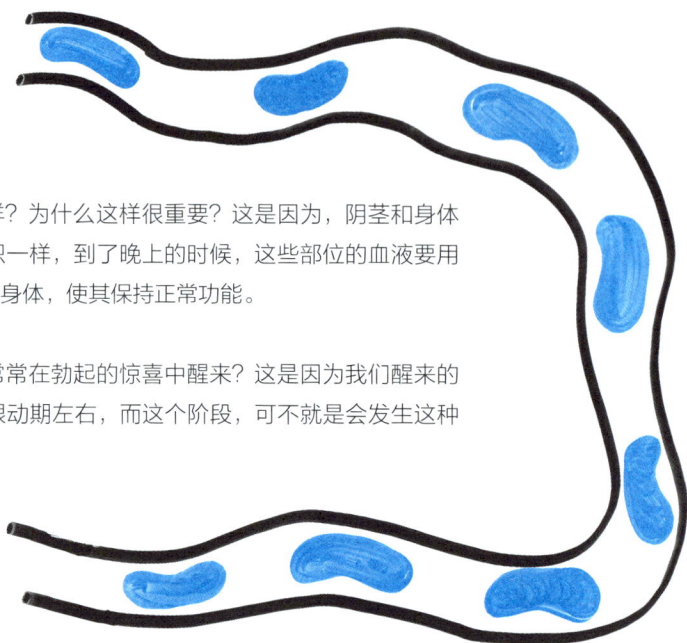

升起

RISE &

另外，还有证据表明，膀胱中存储的尿液越多、越满，越容易发生晨勃。
因为随着膀胱的变大，这一夜都在刺激脊髓的某个区域，
而这样，就会导致这个区域的反射性勃起。

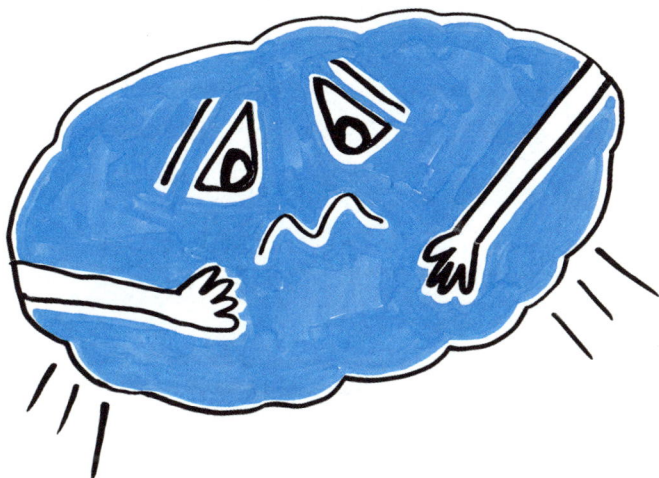

这样勃起的话，可以起到一个提醒的作用，
也就可以防止你在梦里尿床……
但很多人在醒来晨勃之后，发现去厕所嘘嘘，
是有一定难度的，哈哈哈哈哈！

反射
SHINE

关于 "清醒梦" 的科学知识

THE SCIENCE OF LUCID DREAMING

梦境的存在，让我们得以暂时离开残酷的现实，进入虚空幻境之中。

在梦境中，我们飘飘荡荡，随风而动，随遇而安，

很难有什么控制力去左右周遭的一切。

但如果一个人能知道他正在做梦，然后可以控制自己的梦境，

又会如何呢？

事实证明，清醒梦是完全可能存在的，

而且只需要付出一点点的努力，经过一点点的练习，

你就可以做到。

你身边有些人也许会说"我基本上很少做梦的"。但事实上，每个人，每天晚上都会做上3～7个梦。问题在于，我们实在是太容易就把它们给忘掉了。向清醒梦迈出第一步，首先需要做的就是弄一个梦境日记一样的东西。这有助于提高回忆梦的内容的能力，有助于促进清醒梦的实现。每次当你醒来的时候，把你想得起来的东西都写下来——即使写的东西毫无意义，内容匮乏，也要坚持写，重点在于把这个习惯保持下来。

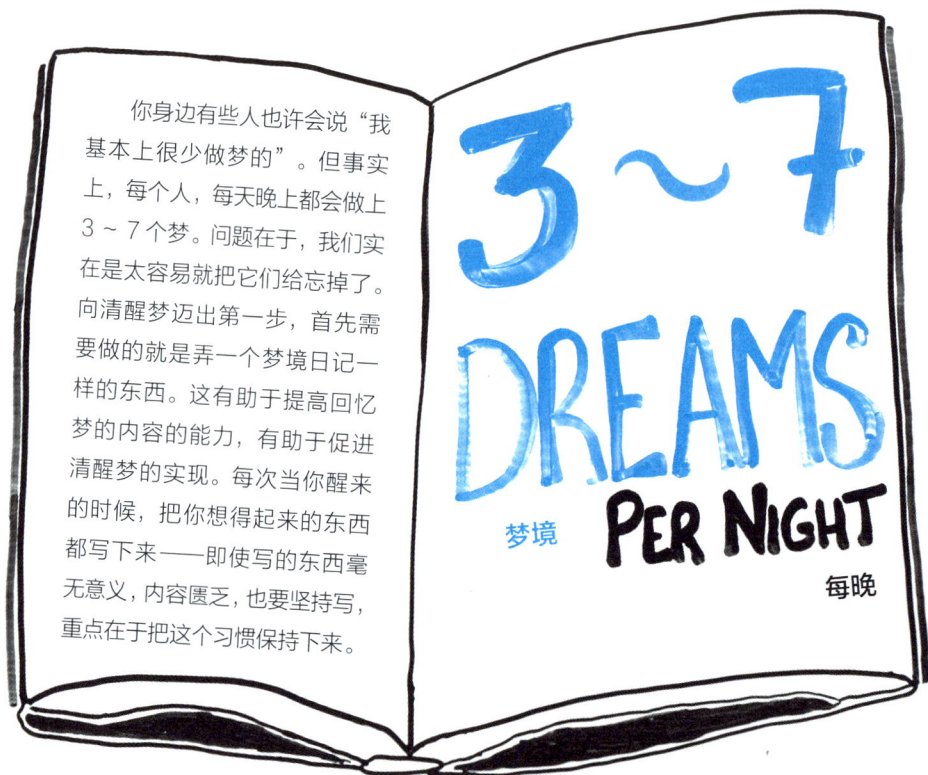

3～7

DREAMS

梦境

PER NIGHT

每晚

　　第二步则是进行检查。在梦里，很多平日中非常稀松平常的事情往往会发生匪夷所思的情形，比如朗读一句简单的话、数手指、看时间等，都有可能发生意想不到的状况。你现在就可以试试：来，看一眼现在几点，然后把目光移开，然后再回头看看现在几点——在你没做梦的时候，两次看的时间应该是一样的；但如果说在梦中，两次看的时间常常就不一样；再比如说在梦里你读一段话的时候，两次读出来的东西也常常不一样。重点在于，平时一定要多做一些这种现实的检查；长此以往，这种行为就会变成你的第二天性，并在梦中表现出来；而一旦在梦中你进行了这样的检查，你立即就能感知到，有些东西出了错。这样，你就能迅速意识到你身处梦中。

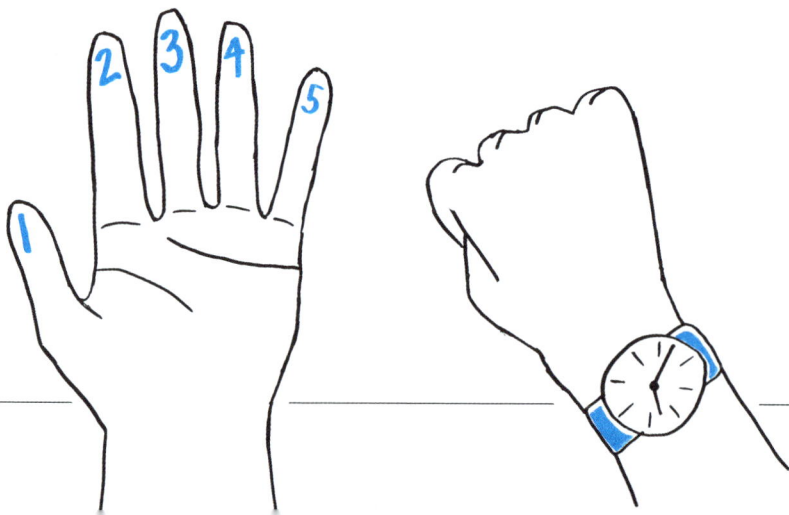

记忆引导之梦技巧 MILD TECHNIQUE

上述这种方法，已经开始变成了一种技术，而这种通过一定的技术手段实现能够分辨的梦境，被称作"记忆引导之梦"（MILD）。当你渐渐入睡时，开始试着去回想最近的一个梦，同时想象自己是清醒的；这样做是为了有意地加深一种意识，即我正在做梦。在渐渐入睡的时候，你一定要不断地重复着：今晚我会做一个清醒梦……一定会做一个清醒梦……而如果要想把成功的概率提高到最大，可以在半夜的时候醒来 30 分钟，然后继续入睡，并且继续想着：要做一个清醒梦……

清醒引导之梦技巧 *WILD TECHNIQUE*

一旦通过这种方法成功进入了清醒梦，你还可以试试一种更高级的技巧，被称为"清醒引导之梦"（WILD，也被翻译成"狂野之梦"）。在这种方法中，首先你要保持头脑的清醒，但身体要处于睡眠状态，让身体完全放松，不要有任何动作。但这样做的风险是，你将会进入到一种叫作"睡眠麻痹"的状态——在这种状态下，一切都正常，只不过身体丝毫动弹不得，除非你醒过来。这其实有点儿吓人。

还有另外需要提醒的是，进入这种睡眠麻痹状态后，大脑会出现一定程度的混乱；也许会产生强烈的恐惧，或者是在黑暗中产生幻觉，或者是恍惚中看到有鬼影正在向你靠近之类的。但是别担心，一般来说，它们还没有平时的一个噩梦来得可怕呢。

科学家们通过对清醒梦的研究，观察了位于大脑中的"元意识"区域，更加充分了解了梦的成因，并发现了一些治疗疾病的方法，甚至进一步可能会知道如何防止噩梦的发生。此外，还提出了一种假设，即清醒和睡眠，其实可能分别是一个统一体的不同部分而已。

话说回来，把想在梦里做的事情，放在现实中去做，其实是一回事。反正不管在梦里做，还是在现实生活中做，对应的大脑神经元系统的运作都是一样的。

你确定，你现在没有在做梦吗？

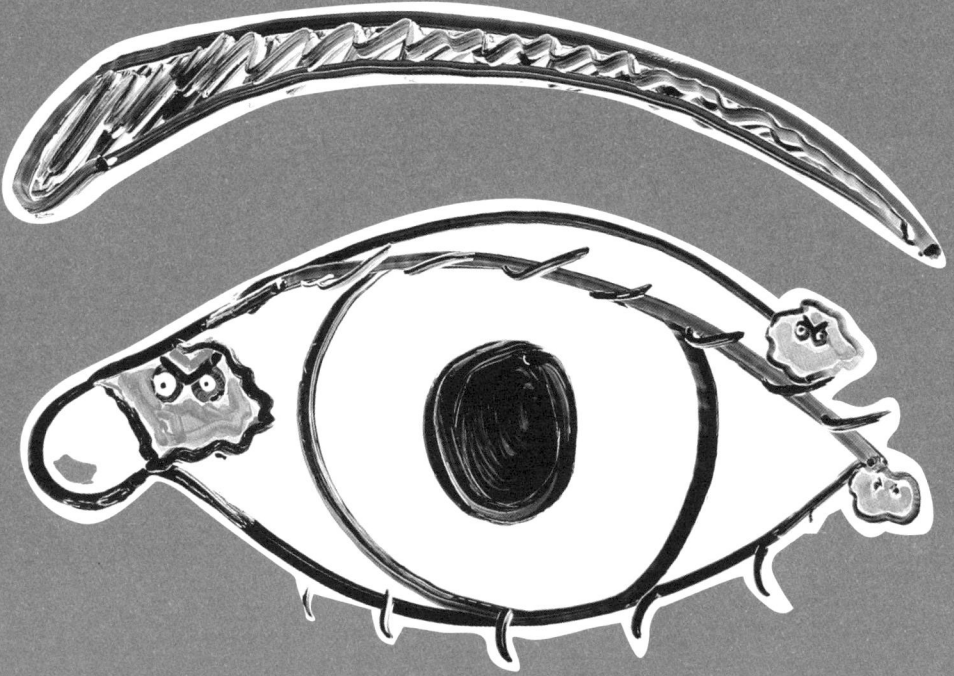

眼屎
到底是什么东西?

WHAT ARE EYE BOOGERS?

每天醒来的时候，眼屎都会不厌其烦地跟你打招呼，
提醒你它的存在。
这简直是每个人都需要应对的事儿，无人能逃。
为什么每天早上我们都会和这些东西扯上关系?
它们究竟是什么东西?

在睡眠的过程中，
我们总是在不停地分泌东西。
总是有各种黏液
从身体的各个部位分泌出来，
嘴巴、鼻子、眼睛什么的。

每天我们的眼睛都会分泌一种油性物质，
这种油性物质可以抑制眼泪
或是其他液体的汽化，
并在眼睛闭着的时候起到一个
协助"密封"的作用。
同时，
我们的眼睛也分泌一种液体对眼睛
起到润滑的作用。

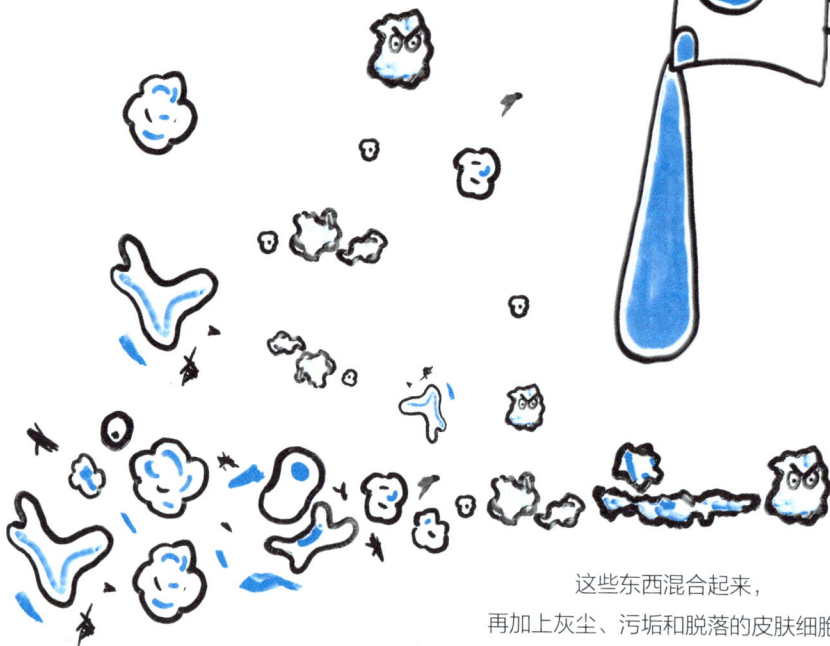

这些东西混合起来，
再加上灰尘、污垢和脱落的皮肤细胞，
就共同构成了一件了不起的作品，
没错，这就是眼屎啦。

当你处于清醒状态时，你会不停地眨眼睛，这些分泌物就被眼睑这么一张一合地赶跑了。一旦当你进入了睡眠状态之后，是不会眨眼睛的，因此这些分泌物就开始在眼角和睫毛等地方聚集起来，在整个睡梦香甜的夜晚，它们就不停地聚集、聚集……配合你身体散发的以及周遭的热空气，这些分泌物就像经历了烹饪的过程一样，也就不断地由生变熟……

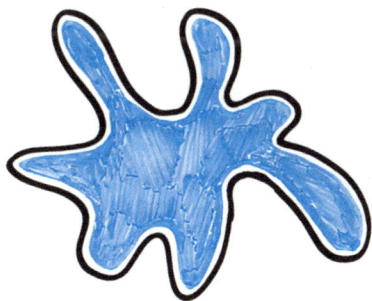

那些分泌物中所含的液体的量、你的体温，以及液体在趁你睡觉时汽化蒸发的速度，这些都是在不断变化的。当你醒来时，根据这些东西的不同，你脸上的眼屎形状也就不同，有时候是湿湿的，有时候则是干干的。

所以，带着些许这些睡觉时候积攒的小东西一起醒来，实在是再正常不过的事情了。但也有一些时候，醒来的时候会觉得眼睛简直乌七八糟的，比如感冒的时候，一觉醒来的瞬间可能会感觉到眼睛简直就跟被泥巴糊住了一样。

感冒的时候要流鼻涕，碰巧鼻子也在充血，在连接眼睛和鼻子的鼻咽通道里面就会有很多的黏液。这些黏液也会发生倒流，跑到眼睛那边去。这个时候，一觉醒来，分泌出来的眼屎可就相当可观了……

在眼睛内拐角的地方，
有一个小小的、粉红色的月牙形的东西，
这个东西被称为"半月皱襞"。

THIRD EYELID

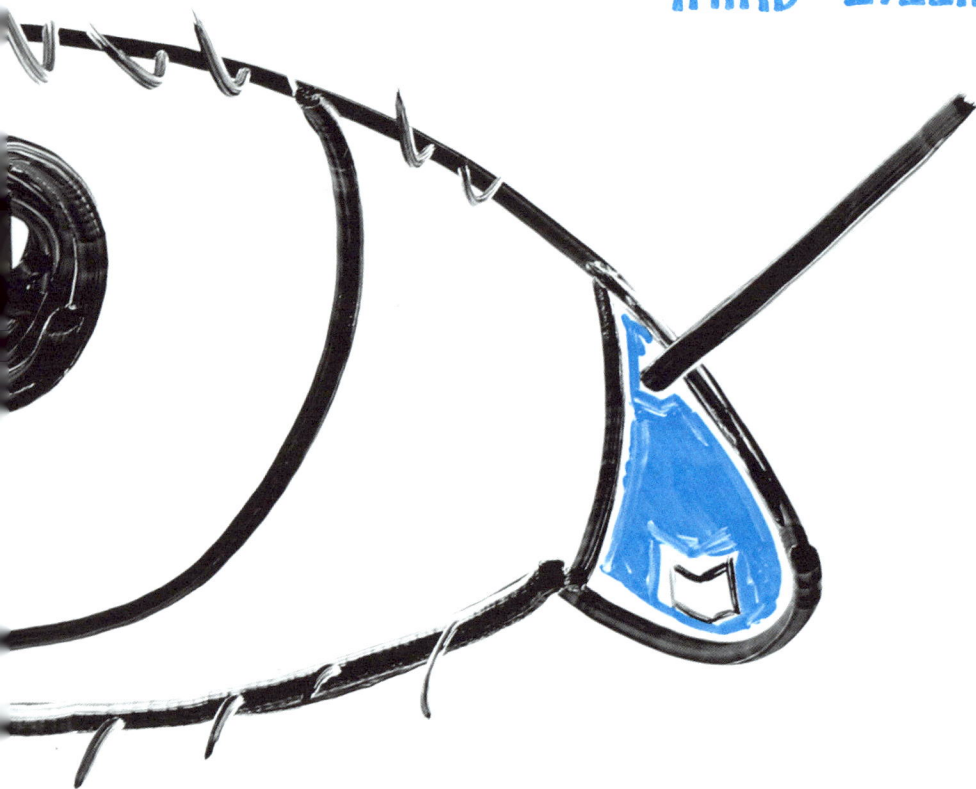

这个粉红色的地方，有着非常多的分泌黏液的细胞，在睡觉的时候，这个东西简直就是负责分泌的主力部队。在我们祖先生活的时代，这个地方以前可能也是除了上下眼睑的"第三眼睑"的一部分，只不过在漫长的进化过程中，这部分已经失去了原本的功能了。

　　这个第三眼睑现在在一些哺乳动物的身上都还找得到，比如小猫、海豹和北极熊。这种半透明的膜，可以在它们的眼睛中横向水平滑动，从而防止水分的进入，也可以抵抗剧烈的阳光的侵袭。同时，它还有助于帮助眼睛保持干净卫生，就像汽车上的雨刮器一样起到清洁的作用，把眼泪洒到整个眼球上，然后把脏东西来回清洗干净。

　　所以说，虽然每天起床之后我们都要费心去把这些东西抹干净丢掉，也别忘了这些小东西其实也很重要，它们一直在保护眼睛健康方面扮演着重要角色。这些分泌物被带到眼角去，可以防止角膜受到一些具有破坏性的小碎片带来的伤害。所以等你醒来之后发现眼角有一些眼屎的时候，也许可以开心一些，这正表明了你的眼睛处于健康状态呢。

我们应该使用贪睡按钮吗？

SHOULD YOU USE THE SNOOZE BUTTON?

贪睡按钮可真是人类最威武的发明之一啊……

闹钟一响，随手一按，再睡他个 10 分钟。

10 分钟后让人发狂的闹钟再次响起，

你还觉得爽吗？

是不是感觉到好像多睡了一会儿反而更累了？

那你还要再按一下，再睡个 10 分钟吗？

这到底是能够让你多得到一些额外的休息呢，

还是让你进入了一个无休止的恶性循环，

最终让你迟到，让你觉得更累呢？

现在我们可能会觉得一个没有闹钟的世界简直是无法想象的，但如果真的没有闹钟的话，其实也没关系。我们的身体会自然地醒过来。听上去难以置信吧？但这是真的，我们的身体有许多复杂的化学机制，可以让我们入睡，也可以让我们醒过来。

在我们真正醒来前的一个小时之内，我们的身体已经开始为自然醒来而做准备了。体温会升高，睡眠会由深变浅，多巴胺和皮质醇等激素也开始慢慢释放，准备提供给你能量，让你充满活力，开始崭新的一天。闹钟的问题是，它会粗暴地打断你的睡眠周期，把这个自然醒来的过程切断，尤其是当你本来睡眠就不规律时，就更严重一些。闹钟响了又停了，但你的身体还没有完全准备好，你还是昏昏沉沉地处于一种睡眠惯性的状态之中。这种睡眠惯性的轻重程度，跟你是在睡眠的哪个阶段被唤醒的关系很大。从越深的睡眠中被唤醒，睡眠惯性的力度就越大。然后就更是昏昏欲睡，迷迷糊糊。

AWAKE 清醒

挣扎中
WAKING

SLEEP
CYCLE
睡眠周期

ASLEEP 熟睡

但贪睡按钮却是弊大于利的。
当你按了贪睡按钮继续睡时，
你的身体也就试图重新启动整个睡眠周期，
并进入更深的睡眠阶段；
这时候的身体并不是如你所想，
慢慢调整，
跃跃欲试地准备醒来，
却正好是在反其道而行之；

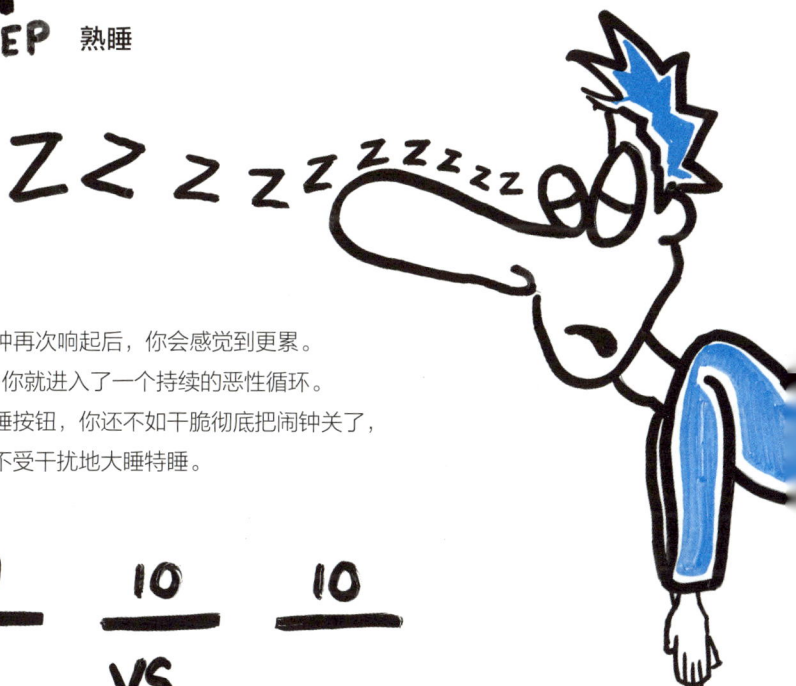

ZZZzZzZ zZzZzZzz

结果是当闹钟再次响起后，你会感觉到更累。
于是逐渐地，你就进入了一个持续的恶性循环。
所以与其按什么贪睡按钮，你还不如干脆彻底把闹钟关了，
不受干扰地大睡特睡。

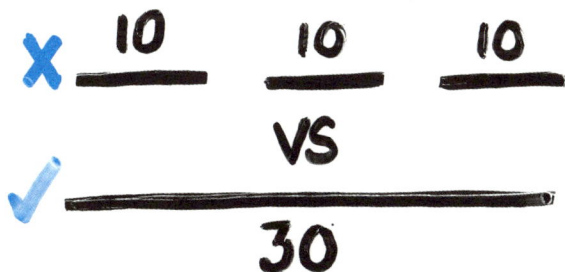

X $\dfrac{10 \quad 10 \quad 10}{\text{VS}}$

✓ $\dfrac{}{30}$

　　许多研究已经表明，支离破碎的睡眠对于帮助恢复身体功能方面，效果非常差。晚上如果睡得支离破碎、断断续续的，白天就总是会充满困意，试图把缺的睡眠补回来。因此，那些断断续续的睡眠比起一个完整的睡眠来说真是逊爆了，把半个小时拆开成三个10分钟来睡，更容易感到疲倦，各方面的表现也要差得多。

那么我们应该怎样做才好？
也许，让睡眠变得有规律，是最好的方法。
有时候我们觉得困，
可能是因为睡眠时间不够；
也可能是因为从深度睡眠中醒来，
还带着睡眠惯性；
也有可能是因为我们的睡眠不够有规律，
没有一个好的、一致的睡眠习惯。
我们的身体可是喜欢好习惯的。

试试每天早上都在
同一个时间醒来——
没错，包括周末也一样，
几个星期之后，
你的身体就会习惯这种节奏，
并且逐渐地就可以摆脱
对闹钟的依赖。

如果你这样做的话，
醒来的时候依然觉得很累，
一定要尽可能地抵制住按下贪睡按钮、
继续睡觉的诱惑，立刻起床。

记住，贪睡的人，成不了大事！

贪睡的人，
注定失败！

YOU SNOOZE,
YOU LOSE!

如果 不睡觉 会怎样?

WHAT IF YOU STOPPED GOING OUTSIDE?

说到睡觉这件事情,哈哈。

可能很多人的心里冒出来的首先是这个念头:

怎么睡也睡不够。

其实有的时候也许只是你自己感觉不够而已。

但是设想一种情况:完全彻底地不睡觉,到底又会怎样?

我们对于睡眠这件事情的科学研究，很遗憾，相对来说一直都比较少。我们并不完全了解为什么我们需要睡觉，或者说，睡眠究竟为何对我们如此重要。毕竟，起码对我们的祖先来说，在周围到处都潜伏着可怕而贪婪的野兽的时候，满不在乎地昏睡上好几个钟头，看上去真的不是什么好事儿。

6~8 HOURS 小时

　　但是，我们已经发现一些睡觉和生活之间的相关性了。比如，每天能够保证6～8个小时睡眠的人，寿命会相对更长一些；再比如，过度的睡眠可能会导致一定的睡眠问题，包括心血管疾病和糖尿病之类的；还有，长期缺乏睡眠已经被证实可以引发心血管病、肥胖、抑郁，甚至脑损伤等严重的问题。

那么如果让人突然间完全停止睡觉，会发生什么事情呢？

当你成功度过第一个不眠之夜后，你的脑边缘系统会受到强烈的刺激，多巴胺会一窝蜂地跑出来。

随之就会引发和激活一系列别的能量开关，产生一些别的动机，带来更高的积极性和性欲之类的。

是不是听起来还挺爽，挺吸引人的？但是要注意，这可是一个滑坡的迹象。你的大脑会慢慢开始关闭那些负责规划以及对即将做出的决定进行评估的区域，这会直接导致一个人容易做出非常冲动的行为。

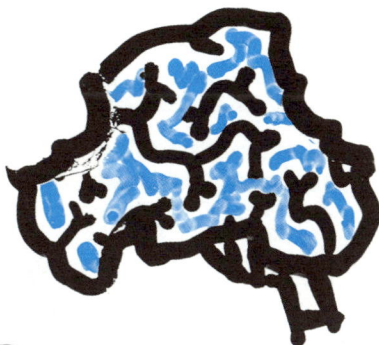

而一旦冲动的激情耗尽，你就会发现你的反应变慢，
感知能力降低，认知功能变弱。
不眠不休个一两天之后，
你的身体就会失去代谢葡萄糖的能力，
同时免疫系统也会停止工作。

更甚的是，如果超过三天不睡觉的话，
有时候人就会出现幻觉。

倒霉

你是不是还想知道不睡觉的你
看起来是啥样？
研究显示，睡眠被剥夺的话，
会直接影响到一个人的"潜在美"。
也就是说，当缺乏睡眠的时候，
人看起来会呈现一种亚健康的状态，
与得到充分休息时相比，
看上去会非常缺乏吸引力。

264
小时

有科学记载的时间最长的清醒纪录是保持
264 个钟头，整整 11 天。虽然这个纪录保持者
由此而发生了诸多状况，比如注意力集中能力、
感知能力都出现了问题，并且产生了异常烦躁的
情绪，但令人非常惊讶的是，这居然没有对他的
健康造成什么严重的长期影响。

对健康
无长期影响

NO LONG TERM HEALTH EFFECTS

事实上，在关于这些不睡觉的人
的记录中，也没有发现谁发生什么病
理、精神、身体或者是神经方面的任
何问题，但毕竟这些研究样本的数量
是有限的，而且也并不能保证万一不
睡觉的时间再长一点儿，会不会对他
们造成什么永久性的伤害。

用小白鼠来做实验的时候，
如果大约两个星期不让它们睡觉的话，
一般来说它们就挂掉了。
但是，科学家们也并不能通过这个实验就肯定
小白鼠是因为缺乏睡眠而挂掉的，
它们也有可能是因为被不断地唤醒所带来的压力击垮，
从而最终精神崩溃，一命呜呼的。

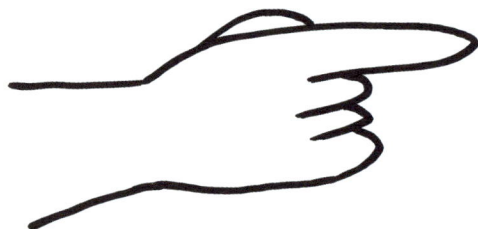

也许，我们应该看一看，致命的家族遗传性失眠对此有何解答。这是一种罕见的大脑的遗传性疾病，可以导致人的失眠症状不断地加重和恶化，最终让人产生幻觉，继而整个人变得呆滞，最终以死亡告终。

根据记载，这种病目前全世界的患者只有100名左右，在发生症状之后，他们平均的生存期限大概是18个月。随着时间的推移，他们缺乏睡眠的症状会不断地加剧，身体的器官也逐渐熄火，慢慢地，就不再运转了。

所以，偶尔的睡眠不足
可能暂时不会给你造成什么致命的问题，但如
果长期缺乏睡眠，
将会给你的身体带来相当大的负面影响。

好好睡觉吧，
祝你睡得香香哒。
SLEEP TIGHT

……但，也别睡得太昏天黑地了啊！

... BUT NOT TOO MUCH!

致谢

首先，这本书得以完成，离不开我们的朋友和同事，杰西 · 卡罗尔，她提供了富有创意的写作指导和妙趣横生的插图，并在这本书写作的各个方面都提供了源源不断的支持。如果没有她，这本书不会这么快地完成，里面的插画估计也会乱七八糟的。杰西——你就像强力胶一样，把我们大家黏合凝聚在了一起！同时，要感谢我们的设计师布莱恩 · 克诺斯基，是他把那些绘画作品和写作的草稿拿去进行了精心的美化和设计，最终搞出来了这么酷的一本书！感谢我们非常了不起的研究团队，杰斯 · 杰明和吉利安 · 布朗，他们花了相当多的必不可少的时间和精力去阅读和学习科学文献和期刊，然后集思广益地进行讨论，并对这些东西进行反复的验证。

谢谢我们可爱的编辑萨沙 · 拉斯金小姐，是她疯狂的热情，让我们大家一起为了这本书而开始工作；也是她给我们的构思提供了帮助，激发了我们大家的想象力，让我们都尽可能地做到最好。她是我们一生可遇不可求的最可爱的编辑。谢谢香农 · 韦尔奇，谢谢你的激情、你的指引，以及更为重要的，你对我们的耐心，这些对于我们都是莫大的恩赐。真心地，我们特别要感谢你在整个过程中为我们做的一切，是你让我们一直保持清醒，并且有条不紊。

感谢每位朋友，感谢你们对我们这帮痴迷于科学的人的深深理解，当然最要感谢的是我们的室友布莱恩和萨拉，你们每天听我们说来说去，耳朵都磨出茧子了。感谢我们的家人：安妮、鲍勃、吉尔·布朗，以及温蒂、菲儿、吉姆、马特、迈克·墨菲特。你们总是始终如一地支持和鼓舞着我们，没有你们，就不会有今天的我们。

要获得更多与本书——
《迷人的理性》中相关科学知识的信息，请访问：
Youtube.com/asapscience